Karl Heim

Der geöffnete Vorhang

Verlag der
Francke-Buchhandlung
Marburg an der Lahn

Dieses Buch ist eine Veröffentlichung der TELOS-Verlagsgruppe.
TELOS-Taschenbücher und TELOS-Paperback-Ausgaben sind »zielbewußt«, wegweisend und biblisch orientiert.
TELOS-Bücher können Sie unbedenklich weitergeben, sie wurden verantwortlich ausgewählt.

ISBN 3 920345 47 9

Mit freundlicher Genehmigung des Furche-Verlages
H. Rennebach KG, Hamburg
aus Karl Heim, Die Gottesstunde

Umschlagentwurf: Friedrich Haarhaus
Herstellung:
St.-Johannis-Druckerei C. Schweickhardt,
Lahr-Dinglingen
13387/1974

Inhalt

Der Wandel im Himmel

Folget mir, liebe Brüder, und sehet auf die, die also wandeln, wie ihr uns habt zum Vorbilde. Denn viele wandeln, von welchen ich euch oft gesagt habe, nun aber sage ich auch mit Weinen, daß sie sind die Feinde des Kreuzes Christi, welcher Ende ist die Verdammnis, welchen der Bauch ihr Gott ist, und deren Ehre zu Schanden wird, die irdisch gesinnt sind. Unser Wandel aber ist im Himmel, von dannen wir auch warten des Heilands Jesu Christi, des Herrn, welcher unsern nichtigen Leib verklären wird, daß er ähnlich werde seinem verklärten Leibe nach der Wirkung, mit der er kann auch alle Dinge sich untertänig machen.

Philipper 3, 17-21

Als im Jahre 1919 im Baltenland eine fünfmonatige Christenverfolgung über die Gemeinde ging, schrieb ein Künstler in einer estländischen Zeitung über die Märtyrer: »Zu solchen Menschen ist es uns schwer, noch eine Brücke zu finden. Sie sind wie nicht von dieser Welt. Ihr Denken und Fühlen ist anders geworden, Menschen, die dicht am Tor der Ewigkeit gestanden haben und alles hinter sich abgebrochen haben. Abgeklärt, den Blick nach dorthin gerichtet, wo sie mit ihrem ganzen Sein heimisch geworden, nicht mehr Kinder der Erde.« Eine junge Frau schrieb: »Ich habe einen Brief von meinem Mann aus dem Gefängnis, er schreibt glücklich! Das Leben hat dort so große leuchtende Schwingen. Bin ich nicht eine selige Frau! Ich habe einen Mann, der im Gefängnis glücklich sein kann.« Selbst ein Bolschewistenführer schrieb wütend: »Man kann an diese Christen nicht herankommen. Man nimmt ihnen alles, sie klagen nicht. Man treibt sie aus den Häusern, sie gehen schweigend. Man treibt sie in den Tod, klaglos und gefaßt gehen sie auch da hinein. Es ist, als umgebe sie ihr Christentum wie eine Mauer, über die man nicht hinüberkommt.«

Da war etwas von dem wirklich geworden: »Unser Wandel ist im Himmel.« Immer wenn so etwas einmal wirklich geschieht, haben auch Menschen, die dem Christentum fernstehen, die Empfindung: das ist doch das Größte, was es auf der Welt gibt, größer noch als die Wunderwerke der Technik, die uns instand setzen, das Meer zu überfliegen, größer als die größten Sportleistungen. Und es ist keiner unter uns, wie weit er auch von Gott abgekommen sein möge, der nicht den leisen Wunsch hätte nach einem solchen Leben, das ›leuchtende Schwingen‹ hat. Wir haben alle ein Ohr für die Aufforderung, die der gefangene Paulus auf seinem Todesweg uns zuruft: »Folget mir, liebe Brüder, und sehet auf die, die also wandeln, wie ihr uns habt zum Vorbilde.« Aber es wird uns schwer, dieser Aufforderung zu folgen. Gerade den leidenschaftlichsten Menschen ist dieser Kampf am schwersten. Unter allen Künstlern hat ja vielleicht keiner die Kraft und Schönheit des Menschenkörpers so gestalten können wie Michelangelo, dieser Zeitgenosse Luthers, der die unsterblichen Gestalten schuf, die wir heute noch in der Sixtinischen Kapelle in Rom bewundern. Ihn traf, als er ein sechzigjähriger Mann war, das Evangelium der Reformation. Er las mit einer edlen Frau, Vittoria Colonna, zusammen die Briefe des Paulus. Und nun verblaßte mit einemmal die ganze Welt der Erdenschönheit vor dem neuen Glanz. Es kam zu einem furchtbaren Kampf, in dem dieser große Künstler sich von der Herrlichkeit der Erde losriß. ›Wenn ich gewußt hätte‹, schreibt er, ›daß dieser Glanz der Erde mir zu einem Brand von so unendlicher Qual würde, so hätte ich lieber meine Augen geblendet und mir durch diese Wunde den viel tieferen Schmerz erspart, den nun das Gedächtnis meiner eitlen Bestrebungen, meiner verlorenen Tage in meiner Seele wachruft.‹ Er betet zu Gott in einem Sonett: »Dich laß an jedem Ort mich schaun! Dein

Feuer verschlinge jeder Erdenliebe Flammen, in Gluten brenn' ich dann, die dir entflammen, so hell wie damals, als die Welt mir teuer.« Jeder von uns kennt in irgendeiner Form diesen Kampf des erdgebundenen Menschen um die Freiheit, zu der wir berufen sind. Wir wollen von diesem Freiheitskampf miteinander sprechen.

1. Warum ist dieser Kampf so schwer?

2. Wie können wir in diesem Kampfe siegen?

I

Paulus spricht zunächst von den Menschen, die in diesem Kampfe unterlegen sind. »Denn viele wandeln, von welchen ich euch oft gesagt habe, nun aber sage ich auch mit Weinen, daß sie sind die Feinde des Kreuzes Christi, welcher Ende ist die Verdammnis, welchen der Bauch ihr Gott ist, und deren Ehre zu Schanden wird, die irdisch gesinnt sind.« Wir würden erwarten, der Apostel, der sein Leben Gott geweiht hatte, würde von seiner Höhe mit bodenloser Verachtung auf die niedrigen Seelen herabsehen, die es ja auch heute noch zu Tausenden gibt, für die nichts anderes existiert als Lebensgenuß und Sinnenfreuden. Oder er würde kraft seiner apostolischen Vollmacht einen Bannstrahl gegen sie schleudern. Aber Paulus verdammt sie nicht und verachtet sie nicht. Er weint über sie mit jenem barmherzigen Verständnis, mit dem Jesus über Jerusalem weinte nach dem Bericht des Lukas: »Und als er nahe hinzukam, sah er die Stadt an und weinte über sie und sprach: ›Wenn doch auch du erkenntest zu dieser deiner Zeit, was zu deinem Frieden dient. Aber nun ist es vor deinen Augen verborgen.‹« Paulus weint; denn er weiß, wie stark die Macht der Vergänglichkeit ist, durch welche diese Menschen gebunden sind, mit was für einer bestrikkenden Zaubermacht uns dieser Leib an die Erde fesselt und uns ins Verderben zieht. Auch wir haben gar keinen Grund, auf die Menschen herabzusehen, denen der Bauch ihr Gott ist, die nur die niederen Bedürfnisse des Lebens kennen. Denn wir haben es ja alle im Krieg erlebt, wie abhängig wir von diesem Körper sind. Als der Feind Deutschland aushungerte, und uns allen der Hunger im Gesicht stand, da haben Menschen, die sonst nur über Kunst und schöne Literatur sprachen, den ganzen Tag von nichts anderem als vom Essen geredet.

Warum hängen wir so an diesem vergänglichen Leben? Wir wissen ja genau, daß es so ist, wie die alte Legende sagt: Wir halten uns über einem Abgrund schwebend an einem Strauch, dessen Wurzeln von einer schwarzen und weißen Maus benagt werden. Wir wissen: bei jedem Gang, den wir machen, können wir bei den heutigen Verkehrsverhältnissen überfahren werden, und alles ist zu Ende. Mit jedem Schluck, den wir trinken, kann ein Krankheitserreger in uns hineinkommen, der uns den sicheren Tod bringt. Wir sind fortwährend vom Tode umgeben. Wir sollten, wenn wir unsere wirkliche Lage bedenken, innerlich so gelöst sein von dieser Leiblichkeit, wie im Herbst ein reifer Apfel vom Zweig gelöst ist. Man braucht ihn nur zu berühren, dann läßt er den Stiel los. Statt dessen hängen wir in der kurzen Lebenszeit, die uns beschieden ist, mit allen Fasern an dieser Erde. Wir machen es wie eine Bergfichte, die hoch am Berghang allen Stürmen ausgesetzt ist, die sie mit dem Untergang bedrohen. Aber gerade in dieser Lage umklammert sie mit zäher Kraft den kahlen Felsen und streckt ihre Wurzeln in jeden Spalt, um sich an dieser Erde festzuhalten. Auch wenn unser Leib in schwerer

Krankheit uns zur Qual wird, hängen wir noch bis zuletzt am Leben und wollen es nicht hergeben.

Woher kommt das? Warum wird uns allen das Sterben so schwer? Warum ist es auch bei den ältesten Leuten meistens noch ein schmerzliches Losgerissen- und Entwurzeltwerden? Das ist nicht bloß sündhafte Weltliebe. Es hat einen tieferen Grund. Uns graut vor der Vernichtung dieses Leibes. Denn wir spüren, daß wir unrein sind. Darum sind wir alle von Natur, wie Paulus sagt, Feinde des Kreuzes Christi. Uns graut vor diesem Marterbild, vor diesem im Tode entstellten Körper unseres Meisters. Unser Inneres erschrickt davor. Goethe konnte es nicht leiden, daß man das Kreuzesbild überall ausstellte im Alpental und am Schneeferner, daß junge Menschen, die noch ein starkes Körpergefühl haben, dieses grauenhafte Bild überall vor sich sehen. Goethe wollte, daß es nur reifen Menschen in einem geschlossenen Raum gezeigt wird.

Und Theodor Storm sagt:

Am Kreuz hing sein gequält Gebeine,
mit Blut besudelt und geschmäht;
dann hat die stets jungfräulich reine
Natur das Schreckensbild verweht.

Doch die sich seine Jünger nannten,
die formten es in Erz und Stein,
und stellten's in des Tempels Düster
und in die lichte Flur hinein.

So, jedem reinen Aug ein Schauder,
ragt es herein in unsere Zeit;
verewigend den alten Frevel,
ein Bild der Unversöhnlichkeit.

Wir spüren alle, auch wenn wir den tiefsten Sinn des Kreuzes noch nicht fassen, daß das Kreuz ein Gericht über unser Leben ist, daß wir durch ein Zerbrochenwerden hindurchgehen müssen, wenn wir unsere wahre Bestimmung finden sollen. Wir halten uns darum an diesem unserem Körper fest wie der Abstürzende, der sich an einen Strauch klammert, bis ihn die Kräfte verlassen. Dieser Leib ist unser letzter Halt. Wir fürchten uns, hinabzustürzen und als unreine Menschen in die Hände Gottes zu fallen. Darum graut uns vor dem vom Tode entstellten Marterbild Christi, an dem wir sehen, wie ernst es Gott mit der Sünde nimmt, was für ein furchtbares Gericht über sie ergeht.

II

Wir haben gesehen: Der Kampf ist schwer, in den wir hineingestellt sind als erdgebundene Menschen, die zur Freiheit berufen sind. Wie siegen wir in diesem Kampf? Wie lernen wir dieses Grauen überwinden? Wie kommt es zu der großen Verwandlung, bei der wir das bleiche Bild des gekreuzigten Heilandes liebgewinnen und aus Feinden Freunde des Kreuzes Christi werden? Es gibt immer noch Menschen, die meinen, dieser Sieg sei ganz einfach; wir brauchen uns nur darauf zu besinnen, daß wir einen unsterblichen Geist haben, der erhaben ist über die Vergänglichkeit, dann könnten wir diesen Körper ruhig der Vernichtung überlassen. Aber das ist das Niederschlagende – das weiß jeder, der nur einmal ernstlich krank war – wir können unsern Geist nicht von unserem Körper trennen. Sobald unser Körper abnimmt und vom Tode bedroht ist, legt sich auch auf unseren Geist ein Todesschatten. Er ist wie eine Flamme, die flackert und erlischt, wenn ihr die Nahrung entzogen wird. Wir ahnen mit Schrecken: Unser ganzer Mensch muß in die dunkle Nacht hinein. Wir können unser geistiges Schicksal nicht vom Schicksal unseres Körpers trennen. Unser Geist kann sich nicht, wie die Griechen träumten, in die Höhe schwingen, während unser Leib der Vergänglichkeit anheimfällt. Dazu sind wir zu eng mit unserer Leiblichkeit verwachsen. Nun wird die Frage schwer: Wie können wir Menschen, die mit allen Fasern an diesem nichtigen Leibe hängen, ein Leben gewinnen, das über die vergängliche Welt hinausliegt? Das ist durch nichts möglich, was wir in uns selber haben, auch nicht durch geheimnisvolle höhere Seelenkräfte, die wir in uns tragen. Unser ganzer Mensch muß in die Nacht des Todes hinein.

Aber was uns Menschen unmöglich war, das tat Gott. Er hat auf eine göttliche Art die Frage gelöst, an der wir zerbrachen. Er hat den Materialismus überwunden, aus dem wir uns nicht selbst heraushelfen können, und uns erdgebundenen Menschen das Tor zu einer neuen Zukunft aufgeschlossen. Diese göttliche Lösung des Knotens, den wir nicht entwirren konnten, liegt in dem Wort: »Unser Bürgertum«, das heißt unser Heimwesen, »ist im Himmel, von dannen wir warten des Heilandes Jesu Christi, des Herrn, welcher unseren Leib der Niedrigkeit verherrlichen wird, daß er ähnlich werde seinem Herrlichkeitsleibe, nach der Kraft, mit der er sich alle Dinge unterwerfen kann.« Also nicht Vernichtung ist das Ende der Wege Gottes mit unserer Leiblichkeit. Dieser Leib hat noch eine Zukunft. Er soll verwandelt werden. Wie ist das möglich? Es ist etwas geschehen, was Paulus mit der Eintragung in die Bürgerliste einer Stadt vergleicht, durch die man Anteil bekommt an allen Gütern der Stadt. Während wir hier kämpfen und leiden, ist uns ohne unser Zutun ein Raum bereitet in einer neuen Welt. Wir haben in dieser neuen Welt Bürgerrecht bekommen, also Wohnungsmöglichkeit und Lebensraum. Im Alten Testament wird erzählt, daß die Totschläger, die sich unversehens mit Blut befleckt hatten, keinen Raum mehr hatten im Lande. Überall wurden sie vom Bluträcher verfolgt. Aber nun wurde eine wunderbare Einrichtung getroffen. Es wurden Freistätten eingerichtet, in denen diese verfolgten Menschen Wohnungsmöglichkeit bekamen. Wir alle gleichen solchen Totschlägern. Der Bluträcher ist hinter uns her. Wir sind unstet und flüchtig. Der Tod verfolgt uns. Darum wird für uns der Raum immer enger auf dieser Welt, je näher wir dem Tode kommen. Zuletzt ist unser Leben nur noch auf die vier Wände einer Krankenstube beschränkt. Und doch haben wir alle den Drang in uns nach Raum und Lebensentfaltung. Und nun sagt Jesus zu uns eingeengten Menschen vor seinem schweren Gang in den Tod: »Ich gehe jetzt hin, euch die Stätte zu bereiten. Und wenn ich hingehe, euch die Stätte zu bereiten, so will ich wiederkommen und euch zu mir nehmen, auf daß ihr seid, wo ich bin.« Er hat uns also mit seinem Blut eine Freistatt erobert, wo Menschen wie wir, blutbefleckte Totschläger, beim Vater wohnen können. Als im 15. Jahrhundert den Menschen im alten Europa der Raum zu eng geworden war, da traten kühne Seefahrer und Eroberer auf. Sie fuhren auf kleinen Fahrzeugen über unbekannte Meere und fanden im schweren Kampf mit Sturm und Tod ein Neuland. Dann kamen sie zurück, die Schiffe mit Schätzen der neuen Welt beladen, um Scharen von Auswanderern, die hier heimatlos herumirrten, mitzunehmen, um ein neues Reich mit ihnen zu gründen. So ist Christus hingegangen und hat im Kampf mit allen Mächten der Finsternis, die wie Meereswogen über ihn hereinschlugen, uns eine neue Welt erschlossen, wo wir Bürgerrecht haben sollen. Und er will wiederkommen, um uns mitzunehmen, daß wir sein sollen, wo er ist.

Damit ist für uns alle eine neue Lage entstanden. Für unser Verhältnis zu unserem Körper und zum Leben und Sterben ist eine neue Möglichkeit eröffnet. Es gibt einen Sieg in dem Kampf, den wir alle kämpfen. Wir können nicht fassen, was das für eine neue Leiblichkeit ist, die Jesus uns erschlossen hat, so wenig wie die Jünger, denen der Auferstandene erschien, seine neue Leiblichkeit begreifen konnten. Es ist auch ganz wertlos, unsere Phantasie anzustrengen, um dem Geheimnis auf den Grund zu kommen. Wir können uns das Neue doch immer nur in den Bildern dieser Welt vorstellen. Wir werden es erst sehen, wenn es uns aufgeht. Aber eins ist uns schon jetzt möglich. Wir können im Glauben auf den Siegesboden treten, den Jesus für uns erobert hat. Jener griechische Weise sagte: »Gebt mir einen Punkt, auf dem ich stehe«, das heißt einen unerschütterlichen Punkt, der nicht schwankt, »und ich will das Weltall aus den Angeln heben.« Christus hat uns einen ewigen Punkt gegeben, auf dem wir Fuß fassen können, um auf ihm stehend alle Lasten der Welt zu heben. Unser Bürgertum ist im Himmel. Der Schwerpunkt unseres Lebens liegt also schon jetzt an der Stelle, von der aus die Lösung der ganzen Weltnot anhebt. Er liegt dort, wo die Verwandlung aller Dinge beginnt. Wir haben gar nichts anderes zu tun, als jeden Tag aufs neue Fuß zu fassen in der Freistatt, die Christus uns erobert hat. Was uns also auch heute belasten mag, es gibt eine Stelle, wo der Verfolger nicht hindringen kann. Uns alle verfolgt der Bluträcher. Das sind die Vorwürfe unseres Gewissens, die Qualen der Reue über etwas, das sich nicht mehr ändern läßt. Aber es gibt eine Stelle, wohin uns diese Vorwürfe nicht verfolgen können. Das ist die Freistatt, die uns Christus erobert hat, wo Sünder am Herzen des Vaters ruhen dürfen. Uns alle belasten Sorgen um unser Geschäft, um unsere Kinder. Es gibt eine Stelle, da liegen die Erdensorgen unter uns. Uns allen machen die starken Begierden unseres Leibes zu schaffen. Wir können sie nicht mit eigener Kraft besiegen. Die Natur ist zu stark. Aber es gibt eine Stelle, die uns Christus durch seinen Tod erobert hat, einen Felsen, an dem die Wogen abprallen. Wir alle haben Angst um unseren Körper im Blick auf die bedenklichen Zeichen, an denen wir merken, daß er abnimmt, daß er vielleicht schweren Leiden entgegengeht. Aber es gibt eine Stelle, wo auch die Angst vor Leiden und Todesqualen unter uns liegt. Luther schrieb an Leonhard Kaiser, einen der ersten Märtyrer des evangelischen Glaubens, der dem schrecklichen Tod der Verbrennung entgegenging: »Wenn es aber im Himmel beschlossen ist, daß du nicht frei wirst, so siehe zu, als frei im Geist, tapfer und standhaft die Schwäche des Fleisches zu besiegen, in der Kraft Christi, der mit dir im Gefängnis ist und in jeder Trübsal bei dir sein wird, wie er verheißen. Rufe ihn an, richte dich auf mit Trostpsalmen im Wüten des Satans, damit du nicht schwächer werdest, nicht den Übermut des Satans fürchtest, sondern verlache seine Wut, dessen gewiß: Wenn Gott für uns ist, wer ist wider uns?« So werden auch wir angesichts des schwersten Schicksals ›frei im Geist‹, wenn wir das Bürgerrecht im Himmel in Anspruch nehmen, das Christus uns erworben hat.

Beten heißt gar nichts anderes als in die Freistatt gehen, an die Stelle treten, von der aus sich alles löst. Dort müssen wir mit unserem ganzen Wesen Wurzel fassen. Wenn wir im Kämmerlein knien und die Tür verschlossen ist, sagt Kierkegaard, so können wir das ganze Weltall aus den Angeln heben. Dazu genügt freilich nicht, daß wir nur einige auswendiggelernte Gebetsworte sprechen. Beten heißt vielmehr ›unser Herz vor ihm stillen‹. Wir dürfen nicht wieder aufstehen von unserem Gebet, bis wir den Grund gefunden haben, den von Christus so teuer erworbenen Grund, wo unser Herz still wird.

Wenn der Schwerpunkt unseres Lebens dort liegt, dann wird uns ein großer Glaube geschenkt, der Glaube, daß Gott durch seine Schöpfermacht aus den Trümmern dieser nichtigen Erde eine neue Welt bauen wird, der Glaube an die Auferstehung der ganzen Welt. Dadurch bekommen wir eine neue Blickrichtung. »Unser Wandel ist im Himmel, von dannen wir warten des Heilandes Jesu Christi.« Die Lebensrichtung eines Menschen, die Art, wie er alle Dinge anfaßt, hängt ja davon ab, wohin sein Auge schaut, woher er Hilfe erwartet. Jeder Mensch hat eine Blickrichtung. Man sieht es ihm vielleicht schon an den Augen an, wohin er schaut. Der eine erwartet alles von einer neuen Gesellschaftsordnung, in der es keine Ausgebeuteten mehr geben wird, der andere von einer neuen Lebensweise oder einer neuen Körperkultur. Wir können bei allen diesen Bestrebungen mitarbeiten, und wir sollen es tun. Und doch, wenn wir einmal Fuß gefaßt haben auf dem Felsengrund, den Christus für uns erobert hat, dann wissen wir, daß diese Welt nicht aus sich selbst heraus geheilt und verjüngt werden kann. Denn wir wissen aus eigener Erfahrung, wie es mit uns Menschen steht, daß wir auch unter den idealsten Verhältnissen immer noch uns selber suchen und zu keinen wirklichen Opfern für andere bereit sind. Wir warten darum nicht auf neue Verhältnisse, welche die Erde in ein Paradies verwandeln könnten. Was wir zur Verbesserung der Weltverhältnisse tun können, sehen wir nur als vorbereitende Arbeit an. Unsere Augen sind auf eine höhere Stelle gerichtet. »Unser Bürgertum ist im Himmel, von dannen wir auch warten des Heilandes Jesu Christi, welcher unseren nichtigen Leib verklären wird, daß er ähnlich werde seinem Herrlichkeitsleibe.« Das ist die Stelle, von der wir die Heilung der Welt und die Weltverjüngung erwarten. Und dieses Warten gibt unserem Leben eine neue Richtung. Nun erschreckt es uns nicht mehr, daß mit unserem Körper auch unser Geist abnimmt, daß auch die Geisteskraft, zum Beispiel das Gedächtnis, schwindet. Wir erwarten nichts mehr von den Kräften, die in uns selbst liegen. Wir warten des Heilandes und wissen: ihm sind Schöpferkräfte gegeben, die ihm alles untertänig machen. Er kann diesem zerfallenen Leib eine neue Zukunft geben. Wenn wir einen geliebten Menschen erwarten, der etwa mit der Bahn kommen soll, dann räumen wir unsere ganze Wohnung auf. Es soll nichts herumliegen, was er nicht sehen darf, was ihn stören würde. Es soll kein Schmutz da sein. Es ist eine selige Sache, wenn unser ganzes Leben eine Bereitschaft wird für das Kommen unseres Meisters.

Als die Jünger den Herrlichkeitsleib Jesu sahen, der ihnen nach der Auferstehung erschien, da konnten sie seine Herrlichkeit nicht fassen. Sie sahen nur eins, woran sie ihn erkannten. Das waren die Nägelmale und die Todeswunden. Aber diese Wunden waren verklärt. Sie waren zu Siegeszeichen geworden. Diesem Auferstehungsleibe Jesu ähnlich zu werden, das ist das Ziel, das uns gesteckt ist. Wir sollen ein Leben finden, bei dem die Todeswunden, die uns dieses Leben geschlagen hat, nicht vergessen sind, sondern verherrlicht zu Siegeszeichen. So verwandelt das Warten auf den Heiland, der diese Verherrlichung bringt, unser ganzes Leben.

Die Sünde wider den Heiligen Geist

Darum sage ich euch: Alle Sünde und Lästerung wird den Menschen vergeben; aber die Lästerung wider den Geist wird den Menschen nicht vergeben.

Und wer etwas redet wider des Menschen Sohn, dem wird es vergeben; aber wer etwas redet wider den Heiligen Geist, dem wird's nicht vergeben, weder in dieser noch in jener Welt.

Setzt entweder einen guten Baum, so wird die Frucht gut; oder setzt einen faulen Baum, so wird die Frucht faul. Denn an der Frucht erkennt man den Baum.

Ihr Otterngezüchte, wie könnt ihr Gutes reden, dieweil ihr böse seid? Wes das Herz voll ist, des geht der Mund über.

Ein guter Mensch bringt Gutes hervor aus seinem guten Schatz des Herzens; und ein böser Mensch bringt Böses hervor aus seinem bösen Schatz.

Ich sage euch aber, daß die Menschen müssen Rechenschaft geben am Jüngsten Gericht von einem jeglichen unnützen Wort, das sie geredet haben.

Aus deinen Worten wirst du gerechtfertigt werden, und aus deinen Worten wirst du verdammt werden.

Matthäus 12, 31-37

Als ich vor Jahren in einer größeren deutschen Stadt über das Rätsel des Todes einen Vortrag zu halten hatte, legte mir eine Mutter eine schwarzumränderte Todesanzeige aufs Pult, in der der Tod ihres Sohnes mitgeteilt war. Auf diese hatte sie mit Bleistift und mit zitternder Hand die Worte geschrieben: »Mein Sohn ist gestorben, ohne Christus gefunden zu haben. Gibt es für ihn noch eine Rettung?« Damit ist eine Frage aufgeworfen, die heute Tausende bewegt. Denn wir leben in einer Zeit, in der oft täglich tausend und abertausend Menschen durch Erdbeben, Bombenangriffe und andere Katastrophen plötzlich und unvorbereitet aus diesem Leben abgerufen werden, darunter viele junge Menschen, die noch mitten im weltanschaulichen Ringen stehen. Wenn nicht, wie ja viele annehmen, mit dem Tode alles aus ist, wenn es vielmehr ein Fortleben gibt, so können wir dabei der Frage nicht aus dem Wege gehen: Ist das Erbarmen Gottes über uns Menschen tatsächlich grenzenlos? Stehen die Tore des Vaterhauses für alle Menschen und für alle Zeiten immer offen? Oder gibt es eine Grenze für die Vergebung Gottes? Gibt es für uns Menschen einen Punkt, von dem an es keine Rettung mehr für uns gibt? Es hat keinen Wert, wenn wir auf diese schwerwiegende Frage durch eigenes Nachdenken eine Antwort suchen. Denn da ist der Wunsch der Vater des Gedankens. Die Entscheidung über unser ewiges Schicksal richtet sich ja nicht nach unseren Wünschen, sie liegt nicht in unserer Hand. Wir können nicht darüber verfügen. Wir können uns darum mit dieser schweren Frage nur an die Stelle wenden, an der die Entscheidung über unser aller ewige Zukunft fällt, an den, vor dessen Richterthron wir alle einmal erscheinen müssen. Christus gibt uns in unserem Evangelium eine Antwort auf diese Frage. Er gibt sie in zwei gewaltigen Sätzen, die jedenfalls auf den ersten Blick in einem unvereinbaren Gegensatz zueinander zu stehen scheinen, die wir aber beide in ihrer ganzen Wucht auf uns wirken lassen müssen. Der erste Satz heißt: »Ich sage euch: Alle Sünde und Lästerung wird dem Menschen vergeben.« Der zweite Satz heißt: »Aber die Lästerung wider den Geist Gottes kann nicht vergeben werden, weder in dieser noch in der anderen Welt.«

I

»Alle Sünde und Lästerung wird dem Menschen vergeben.« Bei diesem ersten Satz ist es uns, als würden wir in einen großen, weiten Dom eintreten, von dessen Türmen alle Glocken läuten, um die Menschen einzuladen, und zu dessen Toren von allen Seiten her die Menschen hereinströmen, alte und junge, gesunde und kranke, tugendhafte und schuldbeladene. Gottes Barmherzigkeit über alle Menschen hat keine Grenzen. »Alle Sünden« können vergeben werden. Gottes Bereitschaft zu vergeben, ist also weder begrenzt durch die Zahl noch durch die Schwere unserer Sünden. Bei uns Menschen sind ja, wie wir alle wissen, der Kraft, einander zu verzeihen, enge Schranken gezogen. In leichten Fällen, wenn es zum Beispiel einmal einen Streit im Hause gab und uns jemand ein Schimpfwort an den Kopf geworfen hat, für das er aber gleich nachher um Verzeihung bittet, da können wir ihm die Hand hinstrecken und sagen, es soll alles zwischen uns wieder gut sein. Aber sobald uns ein Mensch eine schwere Wunde geschlagen hat, merken wir sofort die Grenze unserer Vergebungskraft. Da war zum Beispiel eine Krankenschwester, die ein krankes Kind zu pflegen hatte. Sie hatte etwas Morphium in die Kindermilch hineingebracht und das Kind starb. Die Schwester wurde schwer dafür bestraft. Sie tat auch Buße wegen dieses verhängnisvollen Versehens und schrieb der Mutter des Kindes einen langen Brief, in dem sie innig um Vergebung bat. Diese schrieb aber kurz und kalt zurück: »Der Mörderin meines Kindes kann ich niemals verzeihen.« Das ist menschlich begreiflich. Auch wenn wir uns in einem solchen Fall alle Mühe geben, zu vergeben und zu vergessen, immer brennt die Wunde. Die Erinnerung an das Furchtbare, das der andere uns angetan hat, steigt immer wieder herauf. Gott sei Dank, es gibt einen, der nicht an diese menschliche Schranke gebunden ist. Für Gott gibt es keine Grenze des Verzeihens. In manchen unserer Gefängnisse sitzen in den Zellen, wo die Todeskandidaten auf ihre Hinrichtung warten, Menschen, denen Hunderte ihrer Mitmenschen fluchen, weil sie durch Mordtaten, Ehebruch und Trunksucht das Glück ganzer Familien zerstört haben. Dennoch können sie im Frieden sterben, wenn sie in völligem Glauben ihre Schuld unter dem Kreuz niedergelegt haben.

Es heißt in unserem Evangelium aber nicht bloß: »Alle Sünde wird den Menschen vergeben«, es wird noch hinzugefügt: »auch alle Lästerung.« Im Markusevangelium heißt es noch deutlicher: »Alle Sünden werden vergeben den Menschenkindern, auch die Gotteslästerungen, womit sie Gott lästern.« Es gibt heute viele Menschen, denen all ihr Hab und Gut vernichtet worden ist und die dann die Fäuste gegen den Himmel geballt und Gott geflucht haben, daß er so etwas zulassen konnte. Man sollte denken, Gott könnte einen Menschen, der ihn gelästert hat, niemals mehr als sein Kind annehmen; auch wenn er in sich schlüge, wie der verlorene Sohn, werde er das Vaterhaus verschlossen finden, weil er die Majestät Gottes beleidigt hat. Aber Jesus sagt ausdrücklich: »Auch die Gotteslästerungen werden vergeben, womit sie Gott lästern.« Auch an dieser Stelle hat die Barmherzigkeit Gottes noch kein Ende. Weil Gottes Vergebung tatsächlich grenzenlos ist, so kann jedes Verhältnis zwischen uns Menschen, das durch Schuld zerstört ist, wieder zurechtgebracht werden, wenn beide ihre Schuld vor Gottes Thron bringen. Auch eine zerbrochene Ehe kann auf diese Weise wieder zurechtgebracht werden, auch wenn sie durch eine noch so schwere Schuld zu einer unglücklichen Ehe geworden ist. Jeremias Gotthelf erzählt einmal von zwei Eheleuten in einem Berner Bauernhaus, die es nicht leicht miteinander hatten. Dennoch lebten sie glücklich. Was war das Geheimnis ihres Eheglücks? Mann und Frau beteten jeden Abend von ganzem Herzen miteinander das Vaterunser mit der Bitte: »Vergib uns unsere Schuld.« Diese Vergebung Gottes war, sagt Gotthelf, wie ein tiefer See. In diesen wurde jeden Abend aller Groll, der sich den Tag über angesammelt hatte, versenkt. So kam es, daß die Sonne, wenn sie am andern Morgen wieder aufstieg, den Schatten nicht mehr sah, der bei ihrem Untergang das Herz des einen oder andern verdunkelt hatte. Wir alle, denen der Glaube an den für uns gekreuzigten Erlöser geschenkt ist, gleichen in der Tat Menschen, die am Ufer eines tiefen Sees wohnen. Jeden Abend können wir den Groll und die Verbitterung, die sich den Tag über in unserem Herzen angesammelt haben, in die Tiefen dieses Sees versenken. Dieser tiefe See ist die grenzenlose Bereitschaft Gottes, uns zu vergeben.

Aber es gibt nicht nur keine auch noch so schwere Schuld oder Gotteslästerung, die Gott hindern könnte, uns zu verzeihen. Jesus nennt noch etwas, von dem man denken sollte, es müßte ein unübersteigliches Hindernis für Gottes Barmherzigkeit sein. »Und wer etwa redet (wörtlich: wer ein Wort sagt) wider des Menschen Sohn, dem wird es vergeben.« Wieviel verächtliche Worte sind gerade in der neueren Zeit bis in unsere Tage hinein gegen Christus gesprochen worden. Was war es für ein blinder, abgrundtiefer Haß gegen Christus, wenn Heinrich Heine beim Anblick eines Bildes des Gekreuzigten sagt: »Grüß Gott, mein lieber Vetter, der du die Welt erlösen gewollt, du Narr, du Menschheitsretter!« Vor noch nicht allzu langer Zeit ist das Wort gefallen: »Wir brauchen keinen krummnäsigen, plattfüßigen Heiland!« Aber die trübe Flut von Christushaß und Christusverachtung mag noch so hoch emporbranden, auch heute noch ragt über allem das Kreuz empor, an dem der Heiland für alle die betet, die Lästerworte zu ihm hinaufgerufen haben: »Vater, vergib ihnen, denn sie wissen nicht, was sie tun!« Auch für die Christushasser gibt es noch eine Rettung, auch ihnen können noch einmal die Augen darüber aufgehen, was sie getan haben.

Sie werden, wie es in der Offenbarung heißt, noch einmal weinen, wenn »sie sehen werden, in welchen sie gestochen haben«.

Und noch etwas darf hier gesagt werden (wenn es auch nicht ausdrücklich in unserem Evangelium steht), was von entscheidender Wichtigkeit ist im Blick auf die Tausende, die heute aus diesem Leben abgerufen werden, ehe sie innerlich zurechtgekommen sind. Auch das Ende dieser irdischen Gnadenzeit ist nach der Schrift noch keine Grenze für Gottes Barmherzigkeit. Es heißt 1. Petrus 4: »Denn dazu ist auch den Toten das Evangelium verkündigt, auf daß sie gerichtet werden nach dem Menschen am Fleisch, aber im Geist Gott leben.« Für solche, die hier noch keine wirkliche Begegnung mit Christus gehabt haben, gibt es also noch eine Möglichkeit der Rettung jenseits des Grabes. Das darf uns natürlich keinen Augenblick sicher machen und auf den Gedanken führen: Nun, dann kann ich ja meine Hingabe an Christus auf die Zeit nach dem Tode aufschieben. Aber wenn Menschen, die uns nahestehen, mitten aus ihrem inneren Ringen heraus abgerufen worden sind, so dürfen wir gewiß sein: Ihre Entwicklung ist nicht abgerissen, wie eine Melodie, die mitten im Satz abbricht, weil eine Saite gerissen ist. Auch mit ihrem Tod hat Gottes Barmherzigkeit mit ihnen noch kein Ende. Das Ende dieses zeitlichen Lebens ist noch nicht die Grenze von Gottes Vergebung.

II

Wir haben aus alledem gesehen, daß Gottes Erbarmen in der Tat grenzenlos ist. Dennoch gibt es eine Grenze der göttlichen Vergebung. Diese Grenze liegt nicht in Gottes Bereitschaft, uns zu verzeihen. Gottes Herz ist weit. Die

Grenze liegt vielmehr in uns selber. Es gibt einen inneren Zustand des Menschen, durch den Gottes Vergebung unmöglich wird. Das führt uns zu dem zweiten Heilandswort in unserem Evangelium, das im Gegensatz zu dem ersten zu stehen scheint: »Wer aber den Heiligen Geist lästert, dem wird es nicht vergeben, weder in diesem noch in dem kommenden Äon.« Beim ersten Christuswort, von dem wir bisher gesprochen haben, treten wir in einen weiten Dom, dessen Tore nach allen Seiten hin offenstehen. Beim zweiten ist es, als wäre eine schwere Eisentür ins Schloß gefallen, die niemand mehr öffnen kann. Dieses zweite Wort Jesu ist so schwer, daß schon manche Menschen darüber verzweifelt und in Schwermut gefallen sind. Dennoch dürfen wir, die wir die Aufgabe haben, der Gemeinde das ganze Gotteswort auszulegen, auch dieses zweite Wort nicht verschweigen oder verharmlosen. Wir müssen es in seiner ganzen Gewalt auf uns wirken lassen, auch auf die Gefahr hin, daß es uns in schwere Anfechtung führt. Warum ist der Barmherzigkeit Gottes an dieser Stelle eine unerbittliche Grenze gezogen? Warum können Gotteslästerung und Verhöhnung Christi vergeben werden, aber die Lästerung des Geistes kann nicht vergeben werden? Um dieses Geheimnis zu verstehen, müssen wir daran denken, was eigentlich geschieht, wenn wir Menschen unter die Wirkung des Heiligen Geistes kommen. Die Ausgießung des Geistes ist ja die Krönung des ganzen Erlösungswerkes. Es ist schon etwas Großes, wenn wir unter gewaltigen Natureindrücken oder im Weltgeschehen das Rauschen der Schritte Gottes hören oder wenn uns in den Evangelien die unvergleichliche Gestalt des geschichtlichen Jesus vor Augen tritt. Aber die Pfingstgabe ist noch größer als das alles. In ihr kommt uns Gott noch näher. Paulus sagt: »Gottes Geist gibt Zeugnis unserem Geist.« Gott neigt sich hier also ganz persönlich zu jedem einzelnen von uns herab und will Wohnung in unserem Herzen machen, so wie in der Weihnachtsgeschichte der Heiland der Welt im armen Stall zu Bethlehem Wohnung machte. Wenn wir so reich beschenkt sind, dann ist damit das Größte geschehen, was in unserem Leben überhaupt geschehen kann. Aber nun ist es mit unserem Verhältnis zu Gott wie bei dem Verhältnis, in dem wir Menschen untereinander stehen. Wir können es wenigstens von fern damit vergleichen. Wenn wir gegen einen Menschen Schimpfworte ausstoßen, der uns noch ganz fernsteht, von dem wir vielleicht nur aus der Zeitung wissen oder der uns nur einmal einen Brief geschrieben hat, dann ist es verhältnismäßig einfach, diese Sache wieder in Ordnung zu bringen. Vielleicht genügt eine persönliche Begegnung mit der betreffenden Persönlichkeit, um das Mißverständnis zu beseitigen. Aber ganz anders ist es, wenn ich einen Menschen kalt zurückstoße und mit ihm breche, der mir ganz nahegekommen ist, der mir sein ganzes Herz aufgeschlossen und sich mir hingegeben und sich für mich geopfert hat. Wenn ich einen solchen Menschen zurückstoße, dann ist etwas zerbrochen, was nie mehr geheilt werden kann. So ist es auch in einem viel tieferen Sinn mit unserem Verhältnis zu Gott. Wenn ein Mann, dem Gott noch eine ferne, unbekannte Macht ist, die er, wie das viele heutige Menschen tun, mit dem Schicksal verwechselt, unter einem furchtbaren Schicksalsschlag die Fäuste gegen den Himmel ballt, wenn etwa ein Bauersmann, dem in einer Viertelstunde kurz vor der Ernte der ganze Ernteertrag durch ein Hagelwetter vernichtet wird, einen Fluch gegen Gott ausstößt, so wird Gott selbst dadurch ja gar nicht getroffen. Der Fluch richtet sich gegen den »unbekannten Gott«. Der Mann hat auf ein Zerrbild losgeschlagen, das er sich selber von Gott gemacht hat. Das kann nach Jesu Wort vergeben werden. Oder wenn ein Mensch, der kaum einmal in der Bibel gelesen hat, Christus mit Schmutz bewirft und etwa sagt: »Mit diesem weichen Heiland kann ein kämpferischer Mensch überhaupt nichts anfangen«, dann wird Christus selbst durch ein solches Mißverständnis überhaupt nicht getroffen. Wer so spricht, der redet von Christus wie der Blinde von der Farbe. Sein Urteil ist von Sachkenntnis ungetrübt. Wenn er einmal vor dem Richterthron Christi erscheinen muß, so wird er bald genug erfahren, daß der »weiche Heiland«, über den er gespottet hat, so gewaltig ist, daß die größten Helden der Weltgeschichte vor ihm zittern müssen. Er wird merken, daß sein Lästerwort gegen Christus auf einem Mißverständnis beruht. Es kann darum vergeben werden. Aber ganz anders ist es, wenn sich uns Gott durch seinen Geist persönlich zu erfahren gegeben hat, wenn wir, wie es in Hebräer 6 heißt, »geschmeckt haben die himmlische Gabe . . . und die Kräfte der zukünftigen Welt«, wenn wir dann in ein Lästerwort gegen die Macht ausbrechen, die uns so nahegetreten ist, dann richtet sich unser Haß nicht gegen ein Zerrbild, das wir uns selbst von Gott zurechtgemacht haben oder gegen einen mißverstandenen Christus, sondern gegen Gott selbst. Gott ist uns kein Unbekannter mehr. Wir haben seine suchende Liebe erfahren. Wir wissen auch, daß er uns aus allen unseren Fesseln befreien will, in die wir uns durch eigene Schuld geschlagen haben. Aber »wir wollen nicht, daß dieser über uns herrsche«. Wir wollen unsere eigenen Herren bleiben. Das ist bewußte Auflehnung gegen Gott. Das ist die satanische Empörung gegen Gottes Willen. So war es bei den Pharisäern, denen Christus in unserem Evangelium entgegentrat. Vor ihren Augen war eine unerhörte Siegestat Gottes geschehen. Ein besessener Mensch, der blind und stumm war, war mit einem Schlag von seiner dämonischen Gebundenheit befreit worden, und alle Ketten waren von ihm abgefallen. Auch die Pharisäer standen unter dem überwältigenden Eindruck von Gottes Geistesmacht; aber sie wollten sich nicht beugen. Und so kamen sie auf ein Mittel, wie es nur eine teuflische Intelligenz ersinnen konnte, um den Eindruck zu verwischen, den Christi Tat auf das Volk gemacht hatte. Sie sagten: Wir geben zu, der besessene Mensch ist befreit worden und Christus war das Werkzeug seiner Befreiung, aber »er treibt die Teufel aus durch Beelzebub, der Teufel Obersten«. Damit hatten sie alles auf den Kopf gestellt. Sie hatten die Siegestat Gottes als Teufelswerk bezeichnet. Damit sind sie aber selbst auf die Seite des Satans getreten. Mit dem Satan aber kann Gott in alle Ewigkeit keinen Frieden schließen. Denn Gott läßt seiner nicht spotten. Mit dem Satan kann Gott nie paktieren oder sich an einen Verhandlungstisch setzen. Hier gibt es nur den totalen Krieg bis zum furchtbaren Ende, bei dem es nur noch Vernichtete und Überlebende geben kann.

Wenn wir Menschen uns bewußt gegen den erkannten Willen Gottes auflehnen, dann haben wir uns in diese satanische Empörung hineinziehen lassen. Wir haben uns vom Feinde Gottes als Werkzeuge gebrauchen lassen. Dadurch schließen wir uns aber selber von der Vergebung Gottes aus. Bei Menschen, die sich dazu hinreißen lassen, brechen darum unwillkürlich satanische Lästerworte aus ihrem Herzen hervor. Der Lästergeist kommt über sie. Dadurch wird aber die Vergebung zur inneren Unmöglichkeit.

Wir alle können das, was Christus hier von der Sünde wider den Heiligen Geist sagt, nur mit innerem Zittern lesen. Denn was hier gesagt wird, geht ja zunächst nicht die Weltmenschen an, die noch nichts von der Kraft Gottes erlebt haben und von der Erlösung nur wie der Blinde von der Farbe reden können. Es geht vielmehr uns an, die wir vielleicht schon in unserer Jugend den tiefen Frieden erfahren haben, der in unser Herz einströmt, wenn unser Leben nicht mehr uns selber, sondern Gott gehört, und die es immer wieder erleben durften, was für eine tiefe Ruhe selbst in Todesgefahr und Schreckensnächten über uns kommt, wenn wir ganz in Gott geborgen sind und seine Gegenwart in dauerndem Gebetsumgang unmittelbar spüren. Aber gerade auf uns, denen Gott schon nahegetreten ist, richtet der Feind Gottes seinen Hauptangriff. Er will uns um jeden Preis den Segen wieder rauben, der uns geschenkt worden ist, und uns aus der Festung wieder herauswerfen, in der wir geborgen sind. Ein Seelsorger, den ich gut kenne, wurde nachts zu einem Mann gerufen, der, wie es schien, im Sterben lag. Seine Frau bat den Geistlichen, mit ihm zu beten. Er sagte ihm die stärkenden Worte von der Versöhnung durch Christus, die in der Schrift stehen, und die Verheißungen der kommenden Herrlichkeit, an der wir teilnehmen sollen. Der Schwerkranke faltete die Hände und wurde ganz still und von innerem Frieden durchströmt. Der Geistliche hatte noch einen Gang zu tun und kam nach einer halben Stunde wieder, um noch einmal nach dem Kranken zu sehen. Zu seinem Staunen fand er die ganze Szene verwandelt. Der Kranke hatte sich im Bett aufgerichtet und sagte triumphierend: »Die Krisis ist überstanden, jetzt darf ich noch einmal ins Leben zurückkehren.« Der Seelsorger sagte ihm: »Nun bleiben Sie aber auch fest bei dem, was Christus Ihnen in dieser schweren Stunde geschenkt hat!« Da schlug der Kranke ein teuflisches Gelächter an und sagte: »Nein, Herr Pfarrer, das habe ich jetzt nicht mehr nötig!« Welch eine furchtbare Lästerung! Gott war diesem Mann ganz nahegetreten, aber nun hatte eine starke Woge von Weltlust und Lebensfreude den ganzen Zusammenhang wieder zerrissen, in den er mit Gott gekommen war, und er hatte die vergebende Hand Gottes mit Verachtung wieder zurückgestoßen. Das ist Sünde gegen den Heiligen Geist. Wenn etwa einer von uns bekümmert ist, weil ihm die Frage zu schaffen macht, ob er nicht die Sünde wider den Geist begangen haben könnte, dann hat er sie sicher nicht begangen. Er verlangt ja gerade nach der Gemeinschaft mit Gott. Er hat Gottes Hand noch nicht zurückgestoßen. Sein innerer Zusammenhang mit Gott ist noch nicht zerrissen. Aber sobald es dem Feind unserer Seele gelungen ist, den Gebetszusammenhang zwischen Gott und uns zu zerreißen, stehen gerade wir, die Gottes Gnade schon erfahren haben, in der allergrößten Gefahr, unter satanische Einflüsse zu geraten. Sobald das aber geschieht, nähern wir uns einem Punkt, von dem an keine Rettung mehr möglich ist. Ich stand einmal vor Jahren oberhalb des Niagarafalls. Dort sind die stärksten Stromschnellen der Welt, in deren tiefste Tiefe noch kein Taucher eindringen konnte. Dort ist eine Stelle, wo auf einer Tafel steht: »Von hier ab keine Rettung mehr!« Bis zu dieser Stelle kann vielleicht ein sehr starker Schwimmer noch einige Meter stromaufwärts kommen, wenn er alle seine Kräfte zusammennimmt. Ein Motorboot mit einem sehr starken Motor kann noch ganz langsam stromaufwärts fahren. Aber von da an ist keine Rettung mehr. Die Strömung ist zu stark, sie reißt alles, was sich ihr entgegenstellt, hinunter bis zu der Stelle, wo es durch die stürzenden Wellen in die Tiefe gerissen wird, in der es zerschellt. Das ist ein Bild für die gefährliche Lage, in die wir Menschen kommen, wenn das innere Band zerrissen ist, das uns mit Gott verbindet, der sich um uns angenommen hat. Eine Zeitlang können wir uns innerlich noch aufrechterhalten, wenn wir alle Willenskräfte anstrengen. Aber wir sind in eine gefährliche Strömung hineingeraten und kommen dem Punkt immer näher, von dem an keine Rettung mehr möglich ist. Das ist die Grenze des göttlichen Erbarmens, die nermeßlichen Reichtum der Kirche: »Siehe, ich stehe vor er Tür und klopfe an, so jemand meine Stimme hören ird und die Tür auftun, zu dem werde ich eingehen und as Abendmahl mit ihm halten und er mit mir.«

er Ohren hat zu hören, der höre, was der Geist den Geeinden sagt!

geht ja durch unsere Zeit, auch durch unsere Jugend, neues Erleben der Kirche. Wenn wir heute die alten rchenlieder wieder singen, die aus der Not der Refortion und des Dreißigjährigen Krieges geboren sind, so uns, als sängen die Geister derer mit, die zuerst diese der gesungen haben. Wir spüren heute wieder neu, was an den Luther-Liedern haben. Und wenn wir die star- Bibelworte in Luthers Übersetzung lesen, ist es uns, beten die Geister aller derer mit, die in Not und Tod an diese Worte geklammert haben, die aus diesen rten ihre ganze Kraft schöpften. Aber gerade wenn wir iner neuen Freude an der Kirche stehen, dann ereckt uns dieses Wort Christi. Es ist an eine Kirche getet, die sich innerlich viel reicher fühlte als wir, die lich von sich sagen konnte: »Ich bin reich und habe satt und bedarf nichts.« Die Gemeinde in Laodicea ja der apostolischen Zeit noch ganz nahe. Die Gede lebte noch im Schatten der großen Apostelgestaldes Johannes und Petrus. Also nicht zu Weltmen-, zu Mitläufern, nicht zu Entkirchlichten, nein, zu Gemeinde, die ein überreiches Erbe hatte, sagt Chridas vernichtende Wort: »Ich weiß deine Werke, daß eder kalt noch warm bist. Ach, daß du kalt oder warm st! Weil du aber lau bist und weder kalt noch warm,

innere Haltung, in der keine Vergebung mehr möglich ist.

Wir haben gesehen, wie grenzenlos Gottes Barmherzigkeit mit uns ist, aber es ist uns auch deutlich geworden, was für eine ernste Sache es ist, wenn der heilige Gott sich um uns angenommen hat und wenn wir uns dennoch bewußt gegen ihn auflehnen. Durch die heutige Zeit gehen starke Strömungen, die uns von Gott losreißen wollen. Die Hetze und Überlastung unseres Alltags läßt Tausende nicht mehr zur inneren Stille kommen, und die Gottlosigkeit hat in weiten Kreisen überhand genommen, so daß sich niemand ihrem unheimlichen Einfluß ganz entziehen kann. Aber wir dürfen auch im Blick auf die heutige Lage unseres ganzen Volkes immer wieder die Bitte an Gott richten:

Ach, bleib mit deiner Gnade
bei uns, Herr Jesu Christ,
daß uns hinfort nicht schade
des bösen Feindes List!

Die erkaltete Kirche

Und dem Engel der Gemeinde zu Laodicea schreibe: Das sagt, der Amen heißt, der treue und wahrhaftige Zeuge, der Anfang der Kreatur Gottes: Ich weiß deine Werke, daß du weder kalt noch warm bist. Ach, daß du kalt oder warm wärest! Weil du aber lau bist und weder kalt noch warm, werde ich dich ausspeien aus meinem Munde. Du sprichst: Ich bin reich und habe gar satt und bedarf nichts; und weißt nicht, daß du bist elend und jämmerlich, arm, blind und bloß. Ich rate dir, daß du Gold von mir kaufest, das mit Feuer durchläutert ist, daß du reich werdest; und weiße Kleider, daß du dich antust und nicht offenbart werde die Schande deiner Blöße; und salbe deine Augen mit Augensalbe, daß du sehen mögest. Welche ich lieb habe, die strafe und züchtige ich. So sei nun fleißig und tue Buße. Siehe, ich stehe vor der Tür und klopfe an. So jemand meine Stimme hören wird und die Tür auftun, zu dem werde ich eingehen und das Abendmahl mit ihm halten und er mit mir. Wer überwindet, dem will ich geben, mit mir auf meinem Stuhl zu sitzen, wie ich überwunden habe und mich gesetzt mit meinem Vater auf seinen Stuhl. Wer Ohren hat, der höre, was der Geist den Gemeinden sagt.

Offenbarung 3, 14–22

Die sieben Sendschreiben der Offenbarung, von denen wir heute das letzte betrachten, gehören zum Kostbarsten, was die Kirche besitzt. Denn hier spricht der Herr Jesus nicht bloß zu seinen Jüngern, nein, hier spricht der Erhöhte zu seiner jungen Kirche, die in den sieben Gemeinden zusammengefaßt war. Was *er* über die Kirche sagt, ist unter allen Umständen wichtiger, als was eine Landeskirchenversammlung oder ein internationaler Kongreß über die Kirche sagt. Der Seher der Offenbarung erzählt, wie er zu diesen Sendschreiben gekommen ist. Er war im Gesicht und hörte hinter sich eine Posaune und ein Rauschen wie starkes Wasserrauschen, also eine Stimme, die alle Menschenstimmen und Erdengeräusche einfach verschlang. Wenn wir bei einer Beerdigung am Grab stehen und die Nachrufe von Vereinen und Körperschaften hören, in de-

nen die Verdienste des Verstorbenen hervorgeh
den, haben wir immer das Gefühl: Das ist sehr
die Angehörigen und Umstehenden, aber für de
in die Ewigkeit hinübergegangen ist, ist das
gleichgültig. Für ihn sind alle diese Stimmen ga
tig; die Lobreden und die Flüche, alles, was i
über ihn geklatscht wird, ja selbst, was in den B
Zeitungen über ihn geschrieben wird, das alles
ihn versunken und verschwunden, und er hö
eine einzige Stimme, die wie ein großes Was
alle anderen verschlingt, das ist die Stimme
dem wir alle über kurz oder lang stehen we
dem, dem allein ein Urteil über unser Leben z
saget Amen«, sagt Johannes, das heißt: Der
Verheißungen erfüllt sind, auf dessen Amen
Leben allein alles ankommt. »Der treue und
Zeuge«, dessen Wort unbedingt gilt, »der
Kreatur Gottes«, der, in dem der gesamte Sc
Gottes zusammengefaßt ist. Der, der allein
kann: »Ich weiß deine Werke.« Was hat die
allein ein Urteil zusteht, über die Kirche zu
Wort von ihm hat das Gewicht der Ewigk
hier ein Urteil Christi über eine christliche
serer heutigen christlichen Kirche nicht g
ist. Sie hatte auch, wie wir, ein reiches Geist
hatte Ruhe nach außen, sie stand nicht in d
Was hat Jesus einer solchen Kirche zu sa

Wir wollen auf den Doppelklang achten, d
Jesu enthalten ist.

Er spricht von der Todesgefahr, in
schwebt. »Ach, daß du kalt oder warm
aber lau bist und weder kalt noch warm,
ausspeien aus meinem Munde.« Und er

innere Haltung, in der keine Vergebung mehr möglich ist.

Wir haben gesehen, wie grenzenlos Gottes Barmherzigkeit mit uns ist, aber es ist uns auch deutlich geworden, was für eine ernste Sache es ist, wenn der heilige Gott sich um uns angenommen hat und wenn wir uns dennoch bewußt gegen ihn auflehnen. Durch die heutige Zeit gehen starke Strömungen, die uns von Gott losreißen wollen. Die Hetze und Überlastung unseres Alltags läßt Tausende nicht mehr zur inneren Stille kommen, und die Gottlosigkeit hat in weiten Kreisen überhand genommen, so daß sich niemand ihrem unheimlichen Einfluß ganz entziehen kann. Aber wir dürfen auch im Blick auf die heutige Lage unseres ganzen Volkes immer wieder die Bitte an Gott richten:

Ach, bleib mit deiner Gnade
bei uns, Herr Jesu Christ,
daß uns hinfort nicht schade
des bösen Feindes List!

Die erkaltete Kirche

Und dem Engel der Gemeinde zu Laodicea schreibe: Das sagt, der Amen heißt, der treue und wahrhaftige Zeuge, der Anfang der Kreatur Gottes: Ich weiß deine Werke, daß du weder kalt noch warm bist. Ach, daß du kalt oder warm wärest! Weil du aber lau bist und weder kalt noch warm, werde ich dich ausspeien aus meinem Munde. Du sprichst: Ich bin reich und habe gar satt und bedarf nichts; und weißt nicht, daß du bist elend und jämmerlich, arm, blind und bloß. Ich rate dir, daß du Gold von mir kaufest, das mit Feuer durchläutert ist, daß du reich werdest; und weiße Kleider, daß du dich antust und nicht offenbart werde die Schande deiner Blöße; und salbe deine Augen mit Augensalbe, daß du sehen mögest. Welche ich lieb habe, die strafe und züchtige ich. So sei nun fleißig und tue Buße. Siehe, ich stehe vor der Tür und klopfe an. So jemand meine Stimme hören wird und die Tür auftun, zu dem werde ich eingehen und das Abendmahl mit ihm halten und er mit mir. Wer überwindet, dem will ich geben, mit mir auf meinem Stuhl zu sitzen, wie ich überwunden habe und mich gesetzt mit meinem Vater auf seinen Stuhl. Wer Ohren hat, der höre, was der Geist den Gemeinden sagt.

Offenbarung 3, 14–22

Die sieben Sendschreiben der Offenbarung, von denen wir heute das letzte betrachten, gehören zum Kostbarsten, was die Kirche besitzt. Denn hier spricht der Herr Jesus nicht bloß zu seinen Jüngern, nein, hier spricht der Erhöhte zu seiner jungen Kirche, die in den sieben Gemeinden zusammengefaßt war. Was *er* über die Kirche sagt, ist unter allen Umständen wichtiger, als was eine Landeskirchenversammlung oder ein internationaler Kongreß über die Kirche sagt. Der Seher der Offenbarung erzählt, wie er zu diesen Sendschreiben gekommen ist. Er war im Gesicht und hörte hinter sich eine Posaune und ein Rauschen wie starkes Wasserrauschen, also eine Stimme, die alle Menschenstimmen und Erdengeräusche einfach verschlang. Wenn wir bei einer Beerdigung am Grab stehen und die Nachrufe von Vereinen und Körperschaften hören, in denen die Verdienste des Verstorbenen hervorgehoben werden, haben wir immer das Gefühl: Das ist sehr schön für die Angehörigen und Umstehenden, aber für den, der jetzt in die Ewigkeit hinübergegangen ist, ist das alles ganz gleichgültig. Für ihn sind alle diese Stimmen ganz unwichtig; die Lobreden und die Flüche, alles, was in der Stadt über ihn geklatscht wird, ja selbst, was in den Büchern und Zeitungen über ihn geschrieben wird, das alles ist jetzt für ihn versunken und verschwunden, und er hört nur noch eine einzige Stimme, die wie ein großes Wasserrauschen alle anderen verschlingt, das ist die Stimme dessen, vor dem wir alle über kurz oder lang stehen werden als vor dem, dem allein ein Urteil über unser Leben zusteht. »Das saget Amen«, sagt Johannes, das heißt: Der, in dem alle Verheißungen erfüllt sind, auf dessen Amen zu unserem Leben allein alles ankommt. »Der treue und wahrhaftige Zeuge«, dessen Wort unbedingt gilt, »der Anfang der Kreatur Gottes«, der, in dem der gesamte Schöpfungsplan Gottes zusammengefaßt ist. Der, der allein von sich sagen kann: »Ich weiß deine Werke.« Was hat dieser Eine, dem allein ein Urteil zusteht, über die Kirche zu sagen? Jedes Wort von ihm hat das Gewicht der Ewigkeit. Wir haben hier ein Urteil Christi über eine christliche Kirche, die unserer heutigen christlichen Kirche nicht ganz unähnlich ist. Sie hatte auch, wie wir, ein reiches Geisteserbe; und sie hatte Ruhe nach außen, sie stand nicht in der Verfolgung. Was hat Jesus einer solchen Kirche zu sagen?

Wir wollen auf den Doppelklang achten, der in dem Urteil Jesu enthalten ist.

Er spricht von der Todesgefahr, in der die Kirche schwebt. »Ach, daß du kalt oder warm wärest! Weil du aber lau bist und weder kalt noch warm, werde ich dich ausspeien aus meinem Munde.« Und er redet von dem unermeßlichen Reichtum der Kirche: »Siehe, ich stehe vor der Tür und klopfe an, so jemand meine Stimme hören wird und die Tür auftun, zu dem werde ich eingehen und das Abendmahl mit ihm halten und er mit mir.«

Wer Ohren hat zu hören, der höre, was der Geist den Gemeinden sagt!

I

Es geht ja durch unsere Zeit, auch durch unsere Jugend, ein neues Erleben der Kirche. Wenn wir heute die alten Kirchenlieder wieder singen, die aus der Not der Reformation und des Dreißigjährigen Krieges geboren sind, so ist uns, als sängen die Geister derer mit, die zuerst diese Lieder gesungen haben. Wir spüren heute wieder neu, was wir an den Luther-Liedern haben. Und wenn wir die starken Bibelworte in Luthers Übersetzung lesen, ist es uns, als beten die Geister aller derer mit, die in Not und Tod sich an diese Worte geklammert haben, die aus diesen Worten ihre ganze Kraft schöpften. Aber gerade wenn wir in einer neuen Freude an der Kirche stehen, dann erschreckt uns dieses Wort Christi. Es ist an eine Kirche gerichtet, die sich innerlich viel reicher fühlte als wir, die wirklich von sich sagen konnte: »Ich bin reich und habe gar satt und bedarf nichts.« Die Gemeinde in Laodicea stand ja der apostolischen Zeit noch ganz nahe. Die Gemeinde lebte noch im Schatten der großen Apostelgestalten des Johannes und Petrus. Also nicht zu Weltmenschen, zu Mitläufern, nicht zu Entkirchlichten, nein, zu einer Gemeinde, die ein überreiches Erbe hatte, sagt Christus das vernichtende Wort: »Ich weiß deine Werke, daß du weder kalt noch warm bist. Ach, daß du kalt oder warm wärest! Weil du aber lau bist und weder kalt noch warm, werde ich dich ausspeien aus meinem Munde.« Christus sagt hier etwas, was kein Pfarrer wagen dürfte zu sagen, wenn Christus es nicht selbst gesagt hätte. Er sagt: Wenn du nicht zu einer Hingabe mit heißem, glühenden Herzen kommst, ist es viel besser, du bleibst eiskalt und wirst ein Antichrist wie Nietzsche oder die Bolschewisten. Wenn ein durstiger Wanderer im Orient in die Herberge kommt, bietet man ihm heißes Wasser, also etwa Tee an, oder kaltes Wasser, frisch von der Quelle; aber laues, abgestandenes Wasser speit er aus, es widersteht ihm. Warum gebraucht der Herr diesen vernichtenden Ausdruck über die lauen Christen, die eine gewisse religiöse Wärme haben, aber auch nicht mehr. Das sind doch die allerliebenswürdigsten Menschen, sie wollen sich in der Kirche anregen lassen, wollen sich mit religiösen Fragen beschäftigen, sie lehnen das Christentum nicht ab, haben Verständnis für die Religion. Aber sie wollen sich nicht binden, wollen vielseitig, offen bleiben für alles, was die Welt bietet, sie wollen keinen Bruch vollziehen. Das sind vielfach die besten Gesellschafter, man kann über alles mit ihnen reden. Warum sagt Christus über sie: »Ich will sie ausspeien wie abgestandenes Wasser!«? Das kommt daher, weil es sich in der Kirche nicht um irgendeine Menschensache, nicht um irdische Parteiangelegenheiten handelt, sondern um Gott. Wenn es sich um irgendeine Menschensache handelt, etwa um ein künstlerisches Unternehmen, kann man immer sagen: Ich will einen Teil meines Lebens dieser Sache widmen, etwa einen Abend in der Woche. Ich bringe es nicht sehr weit dabei, aber ich erreiche doch etwas. Anders ist die Sache, wenn wir vor Gott stehen. Da stehen wir vor dem, der uns von allen Seiten umgibt, dem jeder Atemzug unseres Lebens gehört: »Mein ist, was unter dem Himmel ist«, heißt es bei Hiob. Wenn wir Gott etwas von unserem Leben entziehen wollen, ist es ebenso schlimm, vielleicht noch schlimmer, als wenn wir uns gegen ihn empören, wenn wir ihm offene Feindschaft ankündigen. Gott gegenüber gibt es nur entweder völlige Hingabe oder man muß mit Nietzsche sagen: »Gott ist tot.« Aber wenn ich meine, ich könne mit Gott einen Verständigungsfrieden abschließen, ihm einige Stunden meines Lebens widmen, aber im übrigen mein Leben in der eigenen Hand behalten, so ist das viel schlimmer als offene Empörung gegen Gott. Denn ich weiß dann gar nicht, daß ich es mit *Gott* zu tun habe. Deshalb sagt Jesus, ein eiskalter Atheist ist mir lieber als ein religiös angewärmter Christ. Wenn ein Zug abfährt und sich in Bewegung setzt, kommen manchmal im letzten Augenblick verspätete Fahrgäste, fassen nach dem Geländer am Trittbrett und wollen noch aufspringen. Aber der Stationsvorsteher und der Schaffner rufen mit vereinter Kraft: Zurück, zurück! Warum denn? Dieses Anfassen eines fahrenden Zuges ist lebensgefährlich. Es kann gut gehen, man kann sich vielleicht noch hinaufschwingen. Gelingt es aber nicht, so wird man zu Boden geschleudert und vielleicht geschleift und überfahren. Ebenso ist es, wenn wir etwa in die Kirche gehen und in Berührung kommen mit der Lebensbewegung aus der Ewigkeit, mit den Kräften, die von dem gekreuzigten Christus ausgehen. Wir begeben uns dabei in eine Gefahr. Wenn es zur vollen Hingabe kommt, ist alles gut. Dann werden wir mitgetragen, der ewigen Welt entgegen, wir werden durch den Tod getragen von der Kraft des Versöhnungstodes Christi, wir werden in die Ewigkeit hineingetragen, wenn wir uns ihm ganz anvertrauen. Aber wenn das nicht geschieht, und wir fassen die Sache doch an, werden wir zurückgeschleudert und haben schweren inneren Schaden. »Ich will dich ausspeien aus meinem Munde«, sagt Christus. Der Siegeszug Christi durch die Welt ist ganz umsäumt von solchen Menschen, die zu Boden geworfen wurden, weil sie den vollen Zugang nicht finden konnten. Sie wurden zurückgeschleudert wie Usa, als er die Lade Gottes anrührte (2. Sam. 6, 6 f.). Gerade aus den allerchristlichsten und kirchlichsten Familien, wo jeden Tag Andacht gehalten wurde, sind die schlimmsten Feinde des Kreuzes Christi hervorgegangen. Warum? Sie waren in eine allzu nahe Berührung gekommen mit den Kräften des Gebets, aber es kam nicht zur Hingabe, zu dem Sprung, durch den wir mit unserer ganzen Person hineinkommen in die Bewegung Christi. Deshalb wurden sie zurückgeschleudert. Denn es gibt eben nur einen Weg, um die Kräfte des Gekreuzigten zu erfahren, und das ist der Weg, den Christus meint, wenn er sagt: »Ach, daß du heiß wärest«, also ganz durchglüht von Dank gegen ihn, von Freude an ihm. Heiß werden wir nur, wenn wir uns nicht mehr selber gehören, sondern uns ganz hingeben.

Wir Menschen haben alle ein Verlangen danach, uns an etwas hinzugeben, und zwar ganz und rückhaltlos. Dieses Verlangen ist viel stärker als das Bedürfnis nach Glück. Nur wenn wir etwas gefunden haben, wofür wir uns hingeben können, nur dann leben wir wirklich. Nur dann geht der große Strom des Lebens durch uns hindurch. Wir fangen an zu glühen, wie die Lampen, wenn der elektrische Strom durch sie hindurchgeht. Nur dann werden wir jung und kommen über die kleinen Sorgen des Alltags hinweg. Wenn dieser Strom noch nicht durch unser Herz geht, zerstören wir uns selbst, dann wendet sich unser Herz gegen sich selbst, wie ein eingeschlossenes Tier, das sich an seinem Käfig wundreibt.

Deshalb gibt es immer nur zweierlei Menschen, solche, die schon einen Lebensinhalt gefunden haben, für den sie sich verzehren können, und andere, die rastlos nach einem solchen Lebensinhalt suchen. Wenn wir das Ewige nicht finden können, suchen wir einen vergänglichen Lebenszweck, für den wir leben und sterben können; vielleicht für eine politische Partei. Oder wir werfen uns an irgendeinen Menschen weg, denn wir fühlen alle: unser rasch verblühendes Leben hat nur dann einen wirklichen Inhalt, wenn wir uns weggegeben haben, wenn wir uns nicht mehr selbst gehören; alles andere, alle Genüsse und Freudenfeste, die das Leben bietet, sind vergänglich wie die Maienblüte.

Und nun sagt Jesus: Gott und seinem Wort können wir nur in dieser Haltung nahen, die unser Leben allein wertvoll macht, in der Haltung von solchen, die sich hingeben, ohne irgend etwas zurückzuhalten, mit dem heißen Wunsch, ganz durchglüht zu werden. Wenn wir anders kommen, etwa nur mit dem Wunsch, uns anregen zu lassen, dann ist unser Kirchgang, unser Umgang mit dem Wort, unser Abendmahlsgang eine Auflehnung gegen Gott. Es wäre dann zehnmal besser, wir blieben draußen. Christus will uns ausspeien aus seinem Munde, wie laues Wasser. Es kommt nicht darauf an, daß wir viel zu geben haben, ein reiches großes Leben, ein junges Herz; Gott sieht nur darauf, daß es alles ist, was wir haben, daß es das Ganze ist, was wir geben. Jesus macht seine Jünger einmal darauf aufmerksam, wie die arme Witwe ihr Scherflein in den Gotteskasten legt und sagt: »Diese arme Witwe hat mehr in den Gotteskasten gelegt als alle, die eingelegt haben. Denn sie haben von ihrem übrigen eingelegt; diese aber hat von ihrer Armut alles, was sie hatte, eingelegt.« Mancher von uns gleicht dieser armen Witwe; er hat nicht mehr viel zu geben. Er hat einen erschöpften Körper, er hat nur noch eine kurze Zeit zu leben und hat eine verbrauchte Kraft. Er kann sich vielleicht nur noch um einen einzigen Menschen annehmen. Ich kenne eine Frau, die fand ein blindes Kind und hat nun für dieses Kind gelebt, es unterrichtet und in Pflege genommen; dadurch wurde ihr Leben groß und schön. Es kann sein, daß mancher nicht einmal so etwas tun kann. Er kann nur noch ein paar freundliche Worte sagen. Vor den Augen Jesu kommt es nicht darauf an, daß es viel ist, was wir wegzuschenken haben, sondern nur, daß es auch von uns heißt: »Diese hat von ihrer Armut alles, was sie hatte, eingelegt.« Der freundliche Blick, die kleine Gabe oder die Treue in einem kleinen Beruf ist herrlich vor Gott, wenn die ganze Hingabe darin liegt, wenn wir sagen können: Ich habe alles gegeben, was ich hatte.

Aber tun wir das? Tun wir das auch nur in diesen wenigen Stunden, die wir in der Kirche zusammenkommen? Liegt nicht in diesen Worten Jesu ein Gericht über vieles, was wir in der Kirche miteinander tun? Wir wagen es, die starken Glaubenslieder der Kirche miteinander zu singen. Wir wagen es, zu singen: »Ich will dich lieben, schönstes Licht, bis mir das Herze bricht.« Und dabei denken wir vielleicht noch an die Gesellschaft von gestern abend oder an den Ausflug, den wir heute nachmittag unternehmen wollen. Wir wagen es, das Gebet zu beten, das Jesus seine Jünger beten lehrte, seine Jünger, die alles verlassen haben und ihm nachgefolgt sind. Wir wagen es, zu sagen: »Dein Wille geschehe!« und wissen dabei ganz genau, daß wir eine leidenschaftliche Begierde in uns haben, die wir nicht hergeben wollen. Wir wagen es, ein Kind in der Taufe Gott darzubringen und das Glaubensbekenntnis darüber sprechen zu lassen; und dabei ist diese Taufe in manchen Fällen nur die Einleitung zu einem kleinen Familienfest, das mit einem Trinkgelage endet. Und so etwas wagen wir Gott zu bieten, der uns doch bis auf den Grund durchschaut? Ist das nicht fürchterlich? Muß uns Christus nicht ausspeien aus seinem Munde? Wäre es nicht in vielen Fällen viel ehrlicher, wir blieben draußen, wir blieben kalte Atheisten und ließen uns gar nicht ein mit der Kirche? Christus kann einen Menschen nicht ertragen, der ein anderer ist in der Kirche, ein anderer im Wirtshaus und auf dem Tanzboden. Er will einen solchen Menschen ausspeien aus seinem Munde.

Nun ist vielleicht allen, die heute zur Kirche gekommen sind, die Gefahr zum Bewußtsein gekommen, in die wir uns damit begeben, die Gefahr, daß wir mit dem Allerheiligsten unser Spiel treiben und in einer Selbsttäuschung leben: »Du sprichst«, sagt der Herr, »ich bin reich und habe gar satt und bedarf nichts und weißt nicht, daß du bist elend und jämmerlich, arm, blind und bloß.« Also mit anderen Worten, das ist alles ein Scheinbesitz, du bist »elend«, wenn dich auch alle als guten Kirchgänger schätzen, du bist »blind«, und wärest du der gelehrteste Kenner der Religionsgeschichte; denn es fehlt dir das Auge, um das alles zu sehen. Du bist »bloß« und frierst innerlich, obwohl der warme Lebensstrom in deiner Nähe vorbeifließt. »Ich rate dir, daß du Gold von mir kaufest«; das heißt, daß du es machst wie wenn du nichts hättest, wie ein Abgebrannter, der sich das Nötigste wieder kaufen muß; »und weiße Kleider, daß du dich antust und nicht offenbaret werde die Schande deiner Blöße; und salbe deine Augen mit Augensalbe, daß du sehen mögest.«

II

Bis zu dieser Stelle in unserer Epistel hat Christus nur Donnerworte für seine kalte Gemeinde gehabt. Aber nun ist es uns beim Hören des Textes vielleicht schon aufgefallen, daß auf einmal ein ganz neuer Ton kommt, eine ganz andere Stimme. Es ist wie bei einer Albwanderung, wenn man aus einer Tropfsteinhöhle heraustritt und plötzlich von warmer Frühlingsluft umgeben wird. Jesus sagt: »Welche ich lieb habe, die strafe und züchtige ich. So sei nun fleißig und tue Buße.« Also auch dieses schärfste Wort, das Wort vom Ausspeien aus dem Munde, kommt von einem Heiland, der seine Gemeinde liebt. Auch die tote Kirchlichkeit will er durch sein Erbarmen überwinden. Das ist das Wunderbarste in diesem Sendschreiben an eine erkaltete Gemeinde. Es ist ja eine alte Erfahrung: Nirgends ist es schwerer, Leben zu wecken, als in einer erkalteten Kirche! Die Heiden, die noch nie etwas vom Evangelium gehört haben, haben es manchmal viel leichter, Christus zu fassen. Der Japaner Utschimura sagte, er sei singend durch die Straßen gezogen, als ihm die Wahrheit aufging, es sei nur *ein* Gott und nicht eine Vielzahl von Göttern. Mit solchem Jubel habe ihn diese Grundwahrheit der Bibel erfüllt, als sie ihm ganz neu aufgegangen war. In Hinterindien führte ein Menschenfresserstamm einen Kriegstanz vor dem Missionar auf vor lauter Freude darüber, daß er ihnen die Geschichte von Jesus erzählt hat. »Der Sohn der Wüste kniet *dürstend* an der Lebensquelle.« Aber wenn man von Kind auf die Botschaft von Jesus gehört hat, wenn Jahr um Jahr die Feste der Kirche an einem vorbeigerauscht sind, wenn uns der Gekreuzigte immer wieder vor Augen gestellt wurde, ohne daß er uns das Herz abgewann, werden wir leicht abgestumpft, wir werden gewissermaßen »immun« gegen diese gewaltigen Eindrücke. Aber hier zeigt sich das überschwengliche Erbarmen Jesu. Seine Liebe ist so groß, daß sie auch den schwersten Bann, den Bann einer starren Kirchlichkeit durchbrechen kann. Was ist der Reichtum, den auch eine tote Kirche Christi noch hat? Der Reichtum der Kirche sind nicht die hohen Dome, nicht die brausenden Orgelklänge, nein, der Reichtum der Kirche ist zusammengefaßt in dem Wort: »Siehe, ich stehe vor der Tür und klopfe an. So jemand meine Stimme hören wird und die Tür auftun, zu dem werde ich eingehen und das Abendmahl mit ihm halten und er mit mir.« Wir haben ihn ausgeschlossen durch unsere Lauheit. Wir haben einen Riegel vorgeschoben, um ihn nicht einzulassen in unser Leben. Aber er hat uns noch nicht aufgegeben. Der Ausgeschlossene klopft an die Tür. Denn er weiß, wir können es in diesem gespaltenen Zustand doch auf die Dauer nicht aushalten. Es heißt nicht, daß er die Tür einschlägt; er will uns nicht drängen und vergewaltigen, nein, Jesus will uns unsere Freiheit lassen. Er braucht eine Hingabe aus voller Freiheit und klarer Überlegung heraus. Er kann ja nur in einem Herzen wohnen, das sich ihm freiwillig weiht. Aber er ist wartend vor der Tür stehengeblieben, er will noch einen letzten Versuch mit uns machen. Er sagt: »Ich klopfe an.« In der Ursprache bedeutet das Wort nicht einen lauten Ton, sondern etwa das Schlagen des Musikers an die Leier. Oder es wird gebraucht, wenn man auf dem Markt an den Topf schlägt, um ihn zu prüfen, ob er echt sei. Jesus klopft leise an die Tür. Keiner ist unter uns, der nicht schon dieses leise Klopfen gehört hätte. Wir hören es beim Schlagen unseres Herzens, das uns daran erinnert, daß es einmal aufhören wird zu schlagen. Im Schlag der flüchtigen Stunde ist es zu hören, der uns daran erinnert, daß es der Ewigkeit entgegengeht. Wir hören es beim Schlagen des Gewissens, wenn wir nachts schlaflos liegen, und es ganz stille um uns ist, so stille, wie es einmal in der Ewigkeit sein wird, wenn das Leben abgeschlossen ist und wir zurückschauen auf das, was wir getan haben. Im Wort der Heiligen Schrift ist es zu hören, wenn einmal ein Wort unser Herz trifft. Jesus klopft leise an. Man möchte manchmal in die heutige Welt, die im Vergnügungsrausch dem Tod entgegentaumelt, hineinschreien: »Du Narr, heute wird man deine Seele von dir fordern!« Jesus tut das nicht, und deshalb dürfen wir auch nicht drängen; wir dürfen nicht mit dem Schrecken des Gerichts drohen. Denn Jesus will, daß wir durch seine Liebe überwunden werden. Er sagt uns – das ist das Herrlichste, mit dem unser Text schließt –: »So jemand meine Stimme hören wird und die Tür auftun, zu dem werde ich eingehen und das Abendmahl mit ihm halten und er mit mir. Wer überwindet, dem will ich geben, mit mir auf meinem Stuhl zu sitzen, wie ich überwunden habe und mich gesetzt mit meinem Vater auf seinem Stuhl.« Niemand kann die Herrlichkeit dieser Verheißung ausdenken. Also er will nicht bloß mit uns sein Mahl halten; nein, noch mehr, wir dürfen auf seinem Throne sitzen, hoch über der Welt, über dem Tod, hoch über allen satanischen Mächten.

Wir haben gesehen: die Gefahr ist groß, in der wir schweben, wenn wir einer Kirche angehören, die nicht mehr in der ersten Liebe steht. Aber noch größer ist der Reichtum, den auch eine erkaltende Kirche noch hat.

Jesus klopft an. Werden wir ihn einlassen? Werden wir den Riegel zurückschieben? Jeder von uns weiß, welches der Riegel ist, der Jesus aus seinem Leben ausschließt, welches die Sache ist, die er gegen Gottes Willen noch zäh festhält und nicht hergeben möchte.

Was soll unsere Antwort sein auf diese große Einladung Jesu? Jesus will keine rasche, gewaltsame Entscheidung. Er drängt nicht. Er klopft nur leise an. Aber »bitten« dürfen wir »an Christi Statt«, daß ihm auch aus unserer Gemeinde die Antwort entgegenschallen möge, die er erwarten darf, daß wir zu ihm sagen:

Zeuch in mein Herz hinein,
und wohn auf immer drinnen;
so werden Herz und Sinnen
dir ewig dankbar sein.

Das Festmahl Gottes

Er aber sprach zu ihm: Es war ein Mensch, der machte ein großes Abendmahl und lud viele dazu. Und sandte seinen Knecht aus zur Stunde des Abendmahls, zu sagen den Geladenen: Kommt, denn es ist alles bereit!

Und sie fingen an, alle nacheinander, sich zu entschuldigen. Der erste sprach zu ihm: Ich habe einen Acker gekauft und muß hinausgehen und ihn besehen; ich bitte dich, entschuldige mich.

Und der andere sprach: Ich habe fünf Joch Ochsen gekauft, und ich gehe jetzt hin, sie zu besehen; ich bitte dich, entschuldige mich.

Und der dritte sprach: Ich habe ein Weib genommen, darum kann ich nicht kommen.

Und der Knecht kam und sagte das seinem Herrn wieder. Da ward der Hausherr zornig und sprach zu seinem Knechte: Gehe aus schnell auf die Straßen und Gassen der Stadt und führe die Armen und Krüppel und Lahmen und Blinden herein.

Und der Knecht sprach: Herr, es ist geschehen, was du befohlen hast; es ist aber noch Raum da. Und der Herr sprach zu dem Knechte: Gehe aus auf die Landstraßen und an die Zäune und nötige sie hereinzukommen, auf daß mein Haus voll werde.

Ich sage euch aber, daß der Männer keiner, die geladen waren, mein Abendmahl schmecken wird. Lukas 14, 16–24

In diesem Evangelium wird die Weltzeit mit einem Werktag verglichen, an dessen Abend ein Fest stattfindet, zu dem wir alle eingeladen werden. Während die Menschen gehetzt und gejagt von ihren drängenden Geschäften durch die Straßen eilen – der eine hat gerade einen Acker gekauft, der andere kommt soeben vom Viehmarkt, wo er fünf Paar Ochsen erhandelt hat, der dritte ist ganz ausgefüllt von seiner Heirat und allen Sorgen, die die Gründung einer Familie mit sich bringt, wie Wohnungsmiete und Möbelkauf, wieder andere irren heimatlos, obdachlos und ruhelos auf der Landstraße und nächtigen »an den Zäunen« – während das alles vor sich geht, was wir fast täglich vor Augen haben, wird in aller Stille ein Fest vorbereitet.

»Das Himmelreich«, heißt es bei Matthäus, »ist gleich einem Könige, der seinem Sohn die Hochzeit bereitete und sandte seine Knechte aus, daß sie die Gäste zur Hochzeit riefen.« Überall sieht man die Königsboten durch die Menge eilen, die sich auf den Straßen drängt. Sie bringen jetzt diesem und dann wieder jenem eine ganz persönliche Einladung. Aber nun ist das Auffallende: Bei den zuerst Geladenen, die wohl in den Vormittagsstunden den Ruf erhalten, geht die Einladung ruhig vor sich. Je mehr aber der Abend naht und die Abenddämmerung sich auf die Erde herabsenkt, desto mehr treibt der königliche Hausvater seine Boten zur Eile, desto dringender wird die Einladung. Bei der vorletzten Abteilung, die an die Reihe kommt, sagt der König zu seinem Knecht: »Gehe *schnell* auf die Straßen und Gassen der Stadt!« Bei dem letzten Geladenwerden wird der Ruf noch dringender: »Nötige sie hereinzukommen«, dränge sie, laß alle Rücksichten der Höflichkeit fahren und laß ihnen keine Ruhe, bis sie sich entscheiden!

Wir haben in der heutigen Zeit den Eindruck, daß wir in einer Weltstunde stehen, in der sich die Abendschatten auf diese Welt herabsenken. Die Männer, die bei der Weltmissionstagung in Toronto 1947 aus allen Völkern zusammengekommen waren, hatten alle die gemeinsame Überzeugung: »Die Welt steht an der Grenze«; die Mächte ballen sich zusammen, es bereitet sich ein letzter furchtbarer Zusammenstoß vor. Wir wollen uns darum auch in dieser Stunde anhand unseres Textes mit der Frage beschäftigen: Warum ist die Einladung Gottes, die am Ende dieser Weltzeit ergeht, so dringend? Warum muß die Gemeinde Jesu heute aus ihrer Zurückhaltung heraustreten und die Schlafenden aufwecken und die Fernstehenden zu einer Entscheidung drängen?

I

Der erste Grund dafür ist der: Die Einladungen, die zu dem festlichen Mahl ergehen, sind in dem Augenblick zu Ende, da das Fest beginnt. Dann schließen sich die Pforten, und es kann niemand mehr zugelassen werden. Je mehr darum der große Gnadentag, an dem Gott seine Boten zu uns sendet, sich dem Abend zuneigt, um so mehr müssen die Boten eilen und um so ernster wird bei jedem von uns die Entscheidung darüber, ob wir die Einladung annehmen oder ablehnen wollen. Es ist wie bei einem Zug, der in eine Bahnhofshalle eingerollt ist und dort eine bestimmte Zeit Aufenthalt hat, ehe er abfährt. Je mehr der Zeiger der Bahnhofsuhr weiterrückt, je näher der Augenblick kommt, da das letzte Signal zur Abfahrt gegeben wird, um so lauter rufen die Schaffner: »Bitte einsteigen!«, um so mehr mahnen sie die Menschen, die noch schwatzend auf dem Perron herumstehen, und die Nachzügler, die noch, mit Gepäck beladen, die Treppe heraufkommen, sich zu beeilen. Vielleicht ist es wirklich so, wie die Männer in Toronto es immer wieder aussprachen: Wir stehen heute vor der letzten Möglichkeit, die Boten mit der großen Einladung Gottes in die Welt hinauszusenden. Es ist die letzte Stunde der Weltmission. Daraus ergibt sich aber auch für jeden von uns persönlich die ernste Mahnung: Bringe dein Leben mit Gott in Ordnung, solange es noch möglich ist, schiebe keine Unterredung auf, die noch stattfinden muß, damit du bereit bist, dem kommenden Herrn entgegenzugehen! Löse dich von allem, was dich noch an die sündige Welt fesselt! Nimm Gottes Einladung durch eine klare Entscheidung an!

II

Das führt uns zu dem zweiten Grund, warum Gottes Einladung so dringend ist. Was ist denn das für ein Fest, zu dem die Königsboten einladen? Es ist das »Mahl Gottes«, bei dem sich alle, die geladen sind, satt essen dürfen. Das Essen und Trinken, um das ja heute fast täglich unsere Gedanken kreisen, ist nach der Bibel nur der leibliche Ausdruck für das heilige Urgesetz, unter dem nicht nur unser Leib, sondern unser ganzes Dasein steht. Wir können nicht leben, ohne zu essen und zu trinken. Diejenigen unter uns, die den Hunger wirklich erlebt haben, etwa in einem Lager, wissen ein für allemal: Sobald uns für längere Zeit Speise und Trank entzogen werden, kommen wir an eine Grenze, an der alle Hemmungen fallen. Ein Mensch, der rasenden Hunger hat, wird zum Raubtier, das vor keinem Mittel zurückschreckt, um sich auch nur ein Stück Brot zu verschaffen. Das unerbittliche Gesetz, unter dem hier unser Leib steht, gilt aber genauso von der unsterblichen Seele, die in unserem Leib wohnt. Auch unsere Seele kann nur leben, wenn ihr täglich die Speise und der Trank gereicht werden, deren sie bedarf. Weil sie aus der ewigen Welt stammt, kann sie nur von der Nahrung leben, die aus der Welt kommt, in der sie daheim ist. Es ist erschütternd, wenn man etwa als Seelsorger an das Bett eines Mannes gerufen wird, der mitten aus einem reichen Leben heraus, das er vielleicht als Betriebsleiter eines großen Unternehmens geführt hat, ganz plötzlich auf ein schweres Krankenlager geworfen ist. Wenige Tage vorher saß er noch in seinem Geschäftsraum an der leitenden Stelle, wo alle Fäden eines großen Betriebes zusammenliefen. Jetzt steht er vor der Ewigkeit und entdeckt zu seinem Schrecken: Ich habe in meinem ganzen Leben die Hauptsache vergessen. Ich habe alles genossen, was die Welt bieten kann, Ruhm und Geschäftserfolg, glänzende Geselligkeit und Kunstgenüsse. Aber ich habe über dem allen meine unsterbliche Seele darben und verschmachten lassen. Und nun liegt sie da wie der Knabe Ismael, der nach langer Wanderung, bei der er kein Quellwasser getrunken hatte, in der wasserlosen Wüste verdurstet. Nun heißt es wie beim reichen Kornbauern, diesem weitschauenden Großunternehmer: »Diese Nacht wird man deine Seele von dir fordern.« Was hilft es dem Menschen, wenn er die ganze Welt gewonnen hat und hat darüber seine Seele verschmachten lassen! Welches ist die Nahrung, die unsere Seele braucht, und ohne die sie verderben muß? Es ist etwas ganz Einfaches. Es heißt im Psalm: »Meine Seele dürstet nach Gott, nach dem lebendigen Gott.« Und Tersteegen singt: »Wer dich hat, ist still und satt, wer dir kann im Geist anhangen, darf nichts mehr verlangen!« Nur wenn wir Gott haben, wenn er uns so nahe ist, daß wir in ihm ruhen und in ununterbrochener Verbindung mit ihm stehen, kann unsere Seele leben. Wenn wir von Gott losgerissen sind, gleichen wir einem Zweig, der von einem fruchtbaren Baum abgebrochen worden ist und nun am Boden liegt und in der Sonnenhitze verwelkt. Nur aus Gott können wir leben, alles andere nützt uns nichts, sobald diese vergängliche Welt hinter uns versinkt. Nur Gott ist die Speise, die unsere Seele genauso ernährt wie das Brot, das unsern Leib sättigt und ohne das er in wenigen Tagen kraftlos zusammenfällt. Unsere Seele »lebt von einem jeglichen Wort, das durch den Mund Gottes geht«. Wir erfahren das jedesmal, wenn wir uns nach der langen Arbeitswoche einsam oder gemeinsam mit der Gemeinde in ein Gotteswort vertiefen oder wenn wir am Abend eines schweren Arbeitstages die Losung aufschlagen und dann betend am Herzen Gottes Ruhe finden oder wenn wir an den Tisch Gottes zum Abendmahl hintreten und uns dann nachher noch ein Gotteswort mit auf den Weg gegeben wird, an das wir uns halten können. In solchen Stunden merken wir, daß unsere Seele eine Nahrung zu sich genommen hat, die aus der ewigen Welt stammt. Und das ist dann jedesmal ein Vorgeschmack des großen Abendmahls, zu dem Gott uns einlädt, der »Hochzeit des Lammes«, die der königliche Hausvater seinem Sohn bereitet und die wir einst mitfeiern dürfen von Ewigkeit zu Ewigkeit, wenn der Abend der jetzigen Weltzeit hereingebrochen ist. Jesus sagt einmal im Blick auf den Jakobsbrunnen – er faßt darin aber alle Genüsse zusammen, die uns diese Erde bieten kann –: »Wer von diesem Wasser trinkt, den wird wieder dürsten, wer aber von dem Wasser trinken wird, das ich ihm gebe, den wird ewiglich nicht dürsten.« Und dann noch an einer anderen Stelle: »Ich bin das lebendige Brot, vom Himmel gekommen. Wer von diesem Brot essen wird, der wird leben in Ewigkeit.«

III

Aber nun sagen gerade heute manche Menschen, die mitten im Kampf des Lebens stehen: Ich weiß wohl, wie ernst die Lage ist. Ich weiß auch, daß ich Gott brauche, um durchhalten zu können. Aber ich bin so zermürbt, daß ich einfach nicht mehr die seelische Kraft aufbringe, um den Jakobskampf aufzunehmen, ohne den man nicht zu Gott durchdringen kann, den Kampf, den Luther im Kloster so siegreich durchgekämpft hat. Aber das führt uns nun noch zu dem Größten und Herrlichsten, was Christus uns in diesem Gleichnis anschaulich macht. Die himmlische Speise, die unsere Seele allein satt machen kann, ist eben nicht ein Kampfpreis, den wir unter ungeheuren seelischen Anstrengungen erringen müssen, sondern ein Mahl, zu dem Gott uns einlädt. In den großen Erlösungsreligionen des Ostens haben alle ernsten Gottsucher die Überzeugung: Wir Menschen müssen erst unter namenlosen Anstrengungen unseren ganzen Lebenswillen mit allen seinen Leidenschaften und Begierden niederringen und abtöten, dann erst können wir die Einheit mit Gott erleben. Es ist ergreifend zu sehen, wie etwa ein indischer Büßer in Eis und Schnee auf den Knien rutschend den »Götterberg«, einen der höchsten Gipfel des Himalaja, erklimmt, um dort in die Gottheit einzugehen und die Seligkeit des Nirwana zu schmecken. Aber im Gegensatz zu allen diesen menschlichen Selbsterlösungsversuchen steht das, was uns Jesus in unserem Gleichnis sagt und worin das ganze Evangelium zusammengefaßt ist. Gott spricht: »Kommt, es ist alles bereit!« Du darfst dich an den gedeckten Tisch setzen. Du brauchst dich nur ganz herzugeben für das, was Gott aus deinem Leben machen will. Gott weiß, daß wir mit aller unserer eigenen Kraft völlig außerstande sind, das Hindernis aus dem Weg zu räumen, das uns von ihm trennt, und darum läßt er uns sagen: »Meine Mahlzeit habe ich bereitet, meine Ochsen und mein Mastvieh ist geschlachtet und alles bereit. Kommet zur Hochzeit!« Gott weiß, daß wir keine Kraft haben, auch nur einen Pfennig von der Schuld abzuzahlen, die wir ihm gegenüber haben. Wir können keine einzige von den dunklen Stunden unserer Vergangenheit, in denen wir etwa einen Menschen halb abgefertigt haben, der schon lange auf ein freundliches Wort von uns gewartet hatte, aus unserem Leben auslöschen und wieder rückgängig machen. Aber Gott hat für jeden von uns, der umkehren will, die volle Vergebung bereit. Das allgenugsame Versöhnungswerk, das imstande ist, auch die dunkelste Stunde unseres Lebens zuzudecken und auszulöschen, ist am Kreuz vollbracht. Schon Hiskia schaut darauf hinaus, wenn er sagt:

»Du aber hast dich meiner Seele herzlich angenommen, daß sie nicht verdürbe. Du wirfst alle meine Sünden hinter dich zurück.« Wir haben auch nicht die Kraft, aus eigener Anstrengung ein neues Leben anzufangen. Dazu ist unser Leben viel zu beschmutzt, zu verfahren, zu verpfuscht und zerstört. Gott aber hat für jedes von uns, das von Grund aus anders werden möchte, schon jetzt einen neuen Lebensplan bereit, durch den er sich an uns verherrlichen will. Wir brauchen nur auf alle unsere eigenen Lebensprogramme zu verzichten und zu ihm zu kommen und uns bedingungslos in seine Hand zu legen. Vor uns allen steht die Zukunft wie eine dunkle Wolke. Wir fühlen uns oft zu schwach, um auch nur die Anforderungen und Aufgaben zu erfüllen, die uns der nächste Tag stellen mag. Aber Gott hat für jeden von uns schon jetzt die Kraft bereit, die notwendig ist, um die Last zu heben, die an jedem kommenden Tag auf uns gelegt werden soll. Wir dürfen zu Gott sagen, wie es im Gesangbuch heißt: »Der du verboten hast, mehr über sich zu nehmen als eines Tages Last.« Kommt her zu mir alle, sagt Gott zu uns, es ist alles bereit!

IV

Wir haben gesehen: Gott bietet uns in dieser kurzen kostbaren Gnadenzeit die Speise, von der unsere Seele allein satt werden kann, ganz umsonst als reines Geschenk an. Wir brauchen nur im Glauben zuzugreifen. Darum ist seine Einladung so dringend, und seine Boten eilen. Wenn es so steht, dann gibt es für uns alle in diesem rasch dahineilenden Leben nur ein einziges Versäumnis, das sich nie wiedergutmachen läßt, und dies besteht darin, daß wir Gottes Einladung ausschlagen, daß wir den Zug, der nur so kurze Zeit hält, abfahren lassen, ohne einzusteigen.

Es gibt viele Menschen, die im Alter den versäumten Gelegenheiten ihres Lebens nachtrauern. Damals hätte ich zugreifen sollen, sagt einer, da hätte ich durch eine reiche Heirat mein Glück machen können. Damals hätte ich mich melden sollen, sagt ein anderer, da hätte ich eine glänzende Karriere machen können, damals hätte ich mein Kapital in einem Geschäft anlegen sollen, dann hätte ich ein Riesenvermögen verdient. Aber die Zeit kommt und ist vielleicht uns allen näher, als wir denken, da werden uns alle diese versäumten Anschlüsse und verpaßten Gelegenheiten zum irdischen Glück und zum weltlichen Aufstieg völlig gleichgültig sein, und es wird nur noch ein einziges Versäumnis geben, dem wir für alle Zeiten nachtrauern, wenn es geschehen ist. Nur eine versäumte Gelegenheit, über die wir nie hinwegkommen und die wir in alle Ewigkeit bereuen müssen. Wenn wir die Stunde versäumt haben, da sich der ganze Himmel über uns auftat und wir hätten nur hineingehen müssen und die dargebotene Hand ergreifen, dann wären wir für alle Ewigkeit glückliche Menschen gewesen; aber wir haben es nicht getan. Als die Geladenen abgesagt hatten, heißt es: »Da ward der Hausherr zornig und sagte: Ich sage euch aber, daß der Männer keiner, die geladen waren, mein Abendmahl schmecken wird.« O schwere endgültige Entscheidung! Die Tore sind zugefallen. Wer jetzt noch als Nachzügler Einlaß begehrt, der kann an die Tür klopfen, solange er will. Er wird erbarmungslos ausgeschlossen.

Was sind das für Menschen, über die dieses furchtbare göttliche Verdammungsurteil ausgesprochen wird? Sind es Mörder und Ehebrecher, die Gottes Gebote mit Füßen getreten haben? Nein, Gott hat schon viele Mörder voll Erbarmen in sein Reich aufgenommen, wenn sie noch in den letzten Wochen im Gefängnis vor ihrer Hinrichtung von ganzem Herzen umkehrten und ihre Schuld unter dem Kreuze niederlegten. Oder sind es die Menschen, die ganz außerhalb der Kirche stehen, die in der Finsternis des Heidentums und der Gottlosigkeit leben? Nein. Unser Gleichnis erzählt von denen, die außerhalb der Gottesstadt auf den Landstraßen irren und an den Zäunen übernachten, daß sie in Scharen in den Festsaal Gottes hineinströmen, »auf daß mein Haus voll werde«. Und wir erleben es ja gerade heute, daß zum Beispiel in Indien Tausende und Abertausende von Parias, die im primitiven Heidentum gelebt haben, mit tiefem Heilsverlangen die Einladung Gottes annehmen und als lebendige Glieder in die Gemeinde Jesu aufgenommen werden. Wer sind aber die Ausgeschlossenen? Nun kommt das, was für uns, die wir noch in die Kirche gehen, das Erschütterndste an diesem Gleichnis ist. Es sind die zuerst Geladenen, zunächst die Angehörigen des alten Gottesvolkes und dann die unter uns, die von Kind auf die Schrift wissen und das Gotteswort gehört haben. Gerade diesem Kreis gehören die Menschen an, die in der Entscheidungsstunde ihres Lebens, in der Gott ganz persönlich an sie herantritt und sie zu sich ruft, keine Zeit für Gott haben. Sie haben alle Hände voll zu tun, der eine mit einem neu erworbenen Grundstück, der andere mit einem Viehkauf oder mit der Gründung einer Familie, und sagen nun: Ich kann in diesem Augenblick einfach nicht abkommen. »Ich bitte dich, entschuldige mich.« Und darum, weil sie in dieser Gnadenstunde unabkömmlich waren und keine Zeit hatten, gehen sie ewig verloren. Welch eine furchtbar ernste Warnung ist das für alle die unter uns, die im Bereich der Kirche leben und von Kind auf unter dem Schall des Wortes Gottes aufgewachsen sind, aber die gerade in der heutigen Zeit sagen: »Ich bin so überbürdet und überlastet, ich habe weder morgens noch abends Zeit zu einer stillen Stunde mit Gott, ich bin so übermüdet, daß mir abends einfach die Augen zufallen würden, wenn ich die Bibel aufschlagen oder an einem christlichen Kreis teilnehmen wollte, der sich mit der Schrift beschäftigt!« Bei allen Anforderungen, die Menschen an unsere Kraft und Zeit stellen, wenn sie uns für ihre Unternehmungen als Mitarbeiter gewinnen wollen, dürfen wir ruhig sagen: »Ich habe keine Zeit mehr übrig, ich bitte dich, entschuldige mich!« Aber eines gibt es, das ist so unendlich wichtig, daß wir uns dafür in jeder Lage immer Zeit nehmen müssen, auch mitten im größten Arbeitsgedränge, auch in einer Zeit, in der tausend andere Dinge auf uns einstürmen und in der wir vielleicht ganz übermüdet sind. Dieses eine ist so wichtig und unaufschiebbar, daß auch das dringendste irdische Geschäft unter Umständen sofort unterbrochen werden und ihm gegenüber ganz in den Hintergrund treten muß. Was ist dieses Allerwichtigste, für das wir immer Zeit haben müssen? Die unter uns, die in einem großen Geschäft angestellt sind, wissen, wenn sie im Büro auch etwa über einer Bilanz sitzen, die mit höchster Konzentration ausgerechnet werden muß, weil sehr viel davon abhängt, müssen sie trotzdem diese dringende Arbeit sofort unterbrechen, wenn ein Anruf von ihrem höchsten Vorgesetzten kommt, der ihnen einen bestimmten Auftrag gibt. So ist es in unserem Leben, wenn der Anruf aus der ewigen Welt kommt, in dem Gott mit uns über das ewige Heil unserer Seele sprechen will. Es kann der Tod eines nahestehenden Menschen sein, der plötzlich von unserer Seite gerissen wird. Es kann ein Mensch sein, der uns in göttlicher Vollmacht zu einer letzten Entscheidung ruft. Aber was es auch für ein Bote Gottes sein mag, der zu uns kommt, um die große Einladung Gottes zu überbringen, immer ist diese Einladung so unendlich wichtig, daß auch die dringendste irdische Arbeit sofort in den Hintergrund treten und unterbrochen werden muß, wenn diese Einladung an uns ergeht. Bedenken wir, was es bedeutet, wenn der Gott, dessen Zorn wir durch die vielen Versäumnisse unseres Lebens tausendfach verdient haben, uns dennoch aus grundloser Barmherzigkeit an seinen Tisch lädt, um das Festmahl mit uns zu feiern. Es ist eine Verhöhnung Gottes, wenn wir ihm sagen lassen, er möchte bitte im Vorzimmer warten, wir seien leider gerade dringend beschäftigt. Gott läßt seiner nicht spotten. Wehe uns, wenn wir für Gott keine Zeit haben! »Wie wollen wir entfliehen, wenn wir eine solche Seligkeit nicht achten?« (Hebr. 2). Wohl uns, wenn wir zugreifen und Gott unser ganzes Leben ausliefern!

Wohl dem, den deine Wahl
beruft zum Abendmahl
im Reich Gottes.
Da ruht der Streit,
da währt die Freud',
heut', gestern und in Ewigkeit.

Die Auferstehung der Toten

Möchte aber jemand sagen: Wie werden die Toten auferstehen, und mit welcherlei Leibe werden sie kommen? Du Narr, was du säest, wird nicht lebendig, es sterbe denn. Und was du säest, ist ja nicht der Leib, der werden soll, sondern ein bloßes Korn, etwa Weizen oder der andern eines. Gott aber gibt ihm einen Leib, wie er will, und einem jeglichen von den Samen seinen eigenen Leib. Nicht ist alles Fleisch einerlei Fleisch, sondern ein anderes Fleisch ist der Menschen, ein anderes des Viehs, ein anderes der Fische, ein anderes der Vögel. Und es sind himmlische Körper und irdische Körper. Aber eine andere Herrlichkeit haben die himmlischen und eine andere die irdischen. Eine andere Klarheit hat die Sonne, eine andere Klarheit hat der Mond, eine andere Klarheit haben die Sterne; denn ein Stern übertrifft den andern an Klarheit. Also auch die Auferstehung der Toten. Es wird gesät verweslich und wird auferstehen unverweslich. Es wird gesät in Unehre und wird auferstehen in Herrlichkeit. Es wird gesät in Schwachheit und wird auferstehen in Kraft. Es wird gesät ein natürlicher Leib und wird auferstehen ein geistlicher Leib. Ist ein natürlicher Leib, so ist auch ein geistlicher Leib. Wie es geschrieben steht: Der erste Mensch, Adam, »ward zu einer lebendigen Seele«, und der letzte Adam zum Geist, der da lebendig macht. Aber der geistliche Leib ist nicht der erste, sondern der natürliche, darnach der geistliche. Der erste Mensch ist von der Erde und irdisch; der andere Mensch ist der Herr vom Himmel. Welcherlei der irdische ist, solcherlei sind auch die irdischen; und welcherlei der himmlische ist, solcherlei sind auch die himmlischen. Und wie wir getragen haben das Bild des irdischen, also werden wir auch tragen das Bild des himmlischen. Das sage ich aber, liebe Brüder, daß Fleisch und Blut nicht können das Reich Gottes ererben. Auch wird das Verwesliche nicht erben das Unverwesliche.

1. Korinther 15, 35-50

Bei der Christenverfolgung, die in Südfrankreich, in Vienne und Lyon, im Jahre 177 nach Christus stattfand, hatte der Glaubensmut, mit dem die Christen die schrecklichsten Qualen aushielten, den heidnischen Pöbel so in Wut gebracht, daß er noch nicht zur Ruhe kam, als die Märtyrer tot waren. Er ließ seinen Zorn auch noch an den

Totengebeinen aus. Man ließ sie sechs Tage unter freiem Himmel liegen, verbrannte sie dann zu Asche, zerstampfte sie zu Staub und warf den Staub in die Rhone, daß er von den Wellen fortgerissen würde. Jeder Rest von diesen Menschen sollte ausgetilgt werden. Kein Stäubchen von ihnen sollte übrig bleiben. Jetzt wollen wir sehen, sagten die Heiden, ob sie auferstehen werden, wie sie behaupten. Sollte ihr Gott wirklich so stark sein, daß er sie aus dem Staub wieder lebendig machen könnte? Mit was für einem Leib sollten sie denn jetzt wieder auferstehen?

Damit war die Frage gestellt, mit der unsere Epistel beginnt, die Frage, die jeder von uns in irgendeiner Form hat, mit der keiner von uns schon ganz fertig ist, mag er nun ein Suchender, ein Zweifelnder oder ein Glaubender sein. Bei jedem von uns nimmt diese Frage wieder eine andere Gestalt an. Diejenigen, die unter dem Fallen der Herbstblätter ein Angehöriges in der Erde geborgen haben, stellen die Frage dringend: Kann es ein Wiedersehen geben? Ein Mann, der den Krieg mitgemacht hat, sagt vielleicht: Ich habe es mit angesehen, wie neben einem Kameraden ein schweres Geschoß explodierte und ihn vollständig auseinanderriß, so daß nachher auch keine Spur mehr von ihm zu finden war. Wie kann da noch etwas übrig sein von diesem Menschen? Ein älterer Christ, auf dessen Leben schon die ersten Abendschatten liegen, sagt vielleicht: Ich fürchte mich nicht vor dem Sterben; ich habe mich schon lange damit vertraut gemacht; nur eins wird mir schwer, dieser Schritt ins Ungewisse, den ich dabei tun muß, dieser Übergang in ein unbekanntes Land, von dem wir uns gar keine Vorstellung machen können.

Alle diese Sorgen, diese Ungewißheiten, diese Dunkelheiten liegen in der Frage, die die Korinther an Paulus gerichtet haben: Wie werden die Toten auferstehen, in welcherlei Leibe werden sie kommen? So lautet unsere menschliche Frage, die wir bald bang und zweifelnd, bald höhnisch und überlegen stellen. Was ist die göttliche Antwort? Wenn wir das Auferstehungskapitel, aus dem unser Text genommen ist, lesen mit all den sorgenvollen und kritischen Fragen im Herzen, die wir im Blick auf unsere Zukunft haben, dann tönen uns aus diesem Kapitel zwei entgegengesetzte Klänge entgegen, ein herbes, schneidendes Nein und ein großes, freudiges Ja. Das Nein liegt in dem Wort: Fleisch und Blut können das Reich Gottes nicht ererben. Das Ja liegt in dem anderen Wort: Gott aber gibt uns einen neuen Leib, wie er will.

Wir wollen in dieser Stunde beides betrachten, das Nein Gottes zu unseren Wünschen und Hoffnungen und das Ja Gottes zu unserer menschlichen Zukunft.

I

Wenn man sich dem Strand der Nordsee nähert, so hört man schon stundenweit, lange ehe man das Meer erblickt, das Donnern der Brandung, diesen schweren, gleichmäßigen Rhythmus, den man nie mehr vergessen kann, wenn man ihn einmal gehört hat. Wenn wir uns in das große Auferstehungskapitel, aus dem unsere Epistel genommen ist, tiefer und tiefer einlesen, dann tönt uns auch der Rhythmus einer Brandung entgegen. Es ist uns, als hörten wir das Meer der Ewigkeit in gewaltigem Rhythmus an das Gestade der Zeit schlagen:

Es wird gesät verweslich
und wird auferstehen unverweslich,
es wird gesät in Unehre
und wird auferstehen in Herrlichkeit,

es wird gesät in Schwachheit
und wird auferstehen in Kraft,
es wird gesät ein natürlicher Leib
und wird auferstehen ein geistlicher Leib.

Wir hören meistens nur das Ja, das in diesen gewaltigen Klängen jubelt, das Ja der Erfüllung, das Ja der Vollendung. »Alle Verheißungen Gottes sind Ja in ihm und Amen in ihm.« Aber wir können dieses Ja nicht fassen, wenn wir nicht zuerst niedergeschlagen worden sind durch das herbe Nein, das ebenso deutlich in diesen Worten enthalten ist. Wir wollen zuerst dem göttlichen Nein stillehalten. »Das Samenkorn wird gesät und stirbt.« – »Das Verwesliche kann nicht erben die Unverweslichkeit.« – »Fleisch und Blut können das Reich Gottes nicht ererben.« Damit wird eine Schranke gezogen. Es ist uns, wenn wir diese Worte hören, wie wenn eine Tür hart ins Schloß fällt. Fleisch und Blut sind vom Reiche Gottes ausgeschlossen. Was heißt denn Fleisch und Blut? Sind das bloß die Stoffe, aus denen unser Leib aufgebaut ist, die Erdenreste, die nach dem Tod zerfallen, die toten Reste des Menschenkörpers, an denen die jungen Mediziner in der Anatomie arbeiten? Nein, dieses Wort hat in der Bibel einen viel umfassenderen Sinn. Als Petrus in einer Zeit, da Jesus von allen verlassen dem Tod entgegenging, das Bekenntnis ablegte: »Du bist Christus, des lebendigen Gottes Sohn«, da sagte der Herr zu ihm: »Fleisch und Blut haben dir das nicht geoffenbart, sondern mein Vater im Himmel.« Das heißt: Von menschlichen Lehrern hast du das nicht gelernt. Als Paulus berufen wurde, ein Zeuge des Evangeliums unter den Heiden zu sein, »da«, sagte er, »besprach ich mich nicht mit Fleisch und Blut«, das heißt: Ich reiste nicht nach Jerusalem, um mich mit den großen menschlichen Autoritäten zu beraten. Was heißt also

Fleisch und Blut? Es ist der ganze natürliche Mensch damit gemeint mit allem, was menschlich groß und bezaubernd und hinreißend an ihm ist, alles, was in dem schöpferischen Augenblick wurde, da der erste Mensch ins Leben trat. »Der erste Mensch, Adam, ward zu einer lebendigen Seele.« – »Es wird gesät«, so heißt es im Grundtext, »ein seelischer Leib«, also ein Wesen, das im Unterschied vom Tier die Fähigkeit hat, alles, was es erlebt, seelisch zu empfinden, sich eine überreiche seelische Innenwelt zu bauen und künstlerisch und musikalisch auszudrücken, was es empfindet.

Warum kann dieser »seelenvolle Leib« das Reich Gottes nicht ererben? Warum ist er ausgeschlossen? Warum muß er in die Erde fallen und bis auf den letzten Rest vermodern, wie die Blätter, die noch vom letzten Jahr her an den Bäumen hängen, in der Erde vermodern müssen, ehe der Frühling erwachen kann? Die Antwort liegt in den Sätzen: »Es wird gesät in Unehre.« – »Es wird gesät in Schwachheit.« Dieser seelische Leib ist also zwar Gottes Schöpfung, aber eine Schöpfung, die ihre Ehre vor Gott verloren hat und die ihre ursprüngliche Gotteskraft nicht mehr besitzt. Er ist eine gefallene Schöpfung. Vor Menschen mögen wir unsere Ehre verteidigen, vielleicht mit der Waffe in der Hand, aber vor Gott sind wir ehrlos; vor ihm können wir nicht bestehen. Vor Menschen mögen wir stark auftreten, aber vor Gott sind wir »schwache Empörer«. Über diesen ganzen seelischen Leib hat darum Gott das Wort gesprochen, das wir über jedem Grab wiederholen, ehe es sich für immer schließt: »Denn du bist Erde und sollst zur Erde werden.« Wir dürfen den Leidtragenden gerade in diesem schmerzlichen Augenblick, da die Erde den Sarg aufnimmt, dieses schwere Gotteswort nicht ersparen. Denn das ist der große Ernst des Sterbens. Im Tod hört etwas für immer auf. Es wird etwas vernichtet, was niemals wiederkehrt. Nicht bloß die Stoffe legen wir ins Grab. Nein, das ganze reiche Seelenleben des natürlichen Menschen, das warme Gemütsleben, das uns so wohl tut, sinkt in den Staub. Man sagt von dem Geiger Paganini, als er starb, sei eine Saite seiner Geige in schmerzlichem Aufschrei gesprungen. Wir empfinden das bei jedem Sterben. Es reißt eine Saite, die vorher noch geklungen hat. Es wird leer im Haus. Das warme Gemütsleben dieses Menschen fehlt uns überall.

Mit dem Toten wandern Geister aus,
die im Leben ihm die Becher reichten,
öd und leer ist nun das Haus,
ohne Klang und ohne Leuchten.

Wir möchten immer gern etwas hinüberretten von diesem seelischen Leib durch die Nacht des Todes. Alle menschlichen Beweise für die Unsterblichkeit der Seele von Platos Phädon an bis zu den heutigen Beweisen aus dem Dasein des Ätherleibes sind Versuche von uns Menschen, etwas von unserem seelischen Dasein hinüberzuretten durch die Nacht des Todes. Wir schreiben aufs Grab: »Auf Wiedersehen!« Wir möchten gern wenigstens etwas von diesem innigen Zusammensein, von diesem Seelenbund, den wir miteinander gehabt haben, hinüberretten über den Tod. Aber hier ist eine Schranke aufgerichtet. »Fleisch und Blut werden das Reich Gottes nicht erben.« Wenn wir uns drüben wieder begegnen, so werden wir uns jedenfalls nicht in dieser Form begegnen, in der wir uns hier seelisch liebgewonnen haben. Es kommt ja manchmal vor, daß Liebende, die in dieser Welt nicht zusammenkommen konnten, miteinander in den Tod gehen, um im Tod vereint zu sein. Aber Jesus schlägt alle diese Hoffnungen auf eine jenseitige Vereinigung der Liebenden nieder mit den Worten: »Wenn sie von den Toten auferstehen werden, so werden sie nicht freien noch sich freien lassen, sondern sie sind wie die Engel Gottes im Himmel.« Also das, was Mann und Weib zueinander zieht, dieses unerschöpfliche Thema aller Menschendichtung, auch das ist von der Erde genommen und muß wieder zur Erde werden. Fleisch und Blut können das Reich Gottes nicht ererben.

Ich weiß wohl, daß ich damit vielen etwas Bitteres sage. Die Trauer um die Heimgegangenen wird schwerer, wenn wir an das denken, was von ihnen niemals wiederkehrt. Der Schatten wird dunkler, der vom Tod her auf unser aller Leben fällt, wenn wir bedenken, was mit dem Tod für immer zu Ende ist. Die unter uns, die vom Tod schon gezeichnet sind, die den Zerfall ihrer Kräfte schon deutlich spüren, empfinden doppelt schwer die schreckliche Mahnung, die unsere Alltagsarbeit begleitet: »Wirket, solange es Tag ist, es kommt die Nacht, da niemand wirken kann.«

Aber die großen Wahrheiten der Schrift gleichen einer Frucht, die eine bittere Schale hat. Aber in der bitteren Schale ist ein süßer Kern. Dieses langsame Abnehmen, zu dem wir alle verurteilt sind, dieses allmähliche Schwinden unserer leiblichen und geistigen Kräfte, unter dem viele unter uns so sehr leiden, wäre allerdings schrecklich, wenn wir es dabei mit blinden Gewalten zu tun hätten, mit einer kalten, toten Weltmaschine, zwischen deren Rädern und Stampfen wir empfindende Wesen langsam, aber sicher zermalmt würden. Aber das ist der süße Kern der bitteren Wahrheit, die schon auf den ersten Blättern der Bibel steht, daß es heißt: Da sprach *Gott* zu Adam: Du bist Erde und sollst zu Erde werden. *Gott* ist es, der uns vernichtet, *Gott* läßt uns in den Mutterschoß der Erde zurückkehren, aus dem er uns hervorgerufen hat. Luther sagt einmal:

»Das heißt selig sein, *Gottes* Willen und seinen Ruhm in allem wollen und für sich nichts wünschen, weder hier noch in der Zukunft.« Ist also mein Wille eins mit Gottes Willen, dann würde ich sogar freudig in die Hölle gehen, wenn Gott mich hinschickte. Denn selbst wenn ich in der Hölle wäre, meint Luther, und mein Wille wäre ganz eins mit Gottes Willen, so wäre ich mitten in der Hölle sogleich selig. »Denn das heißt selig sein, wenn *Gott* in uns regiert und wir sein Reich sind«, alles andere, was wir sonst begehren, ist nicht die Seligkeit.

Dieses Altwerden, dieses Abnehmen unserer Seelenkräfte, das wir besonders daran merken, daß unser Gedächtnis schwindet, dieses Herunterbrennen der Lampe ist nur so lange bitter, als wir uns dagegen auflehnen. Wie schmerzlich ist es, wenn z. B. eine Frau, die anfängt älter zu werden, sich dagegen aufbäumt und nun mit allen Mitteln der Kunst versucht, jung zu bleiben und die Falten ihres Gesichtes zu glätten! Wie schrecklich ist es, wenn ein Mann, der von den Ärzten aufgegeben ist, sich mit allen Fasern an das Leben klammert und den Verfall wenigstens noch ein paar Monate aufhalten möchte! Aber der Schmerz verwandelt sich in Dank, wenn wir uns von ganzem Herzen auf Gottes Seite stellen und freudig ja sagen zu dem, was er will. Dann danken wir ihm für die Gnade, daß wir sterben dürfen. Was ist es für ein kostbares Geschenk, daß er uns heimruft, daß er uns nach der heißen Arbeit des Lebenstages den Abend schenkt, da die Schatten länger werden und die ersehnte Ruhe der Nacht winkt. Selbst bei einem jungen Menschen ist oft der frühe Tod das einzige Mittel, um den verworrenen Knoten seines Lebens zu lösen.

II

Damit kommen wir zu dem zweiten, was uns unser Text sagt, dem großen Ja Gottes, das in diesem Auferstehungskapitel enthalten ist. Alles Große, was uns dieses Kapitel von der Auferstehung der Toten zu sagen hat, geht uns erst auf, wenn wir uns nicht mehr gegen Gott aufbäumen, wenn wir freudig ja sagen zu dem Nein, das Gott über unseren jetzigen Lebensstand ausspricht. Es geht uns mit den Verheißungen dieses Kapitels wie mit dem Sternenhimmel. Wir sehen die Sterne immer erst, wenn die Erde ganz von Nacht bedeckt ist. Solange auch nur noch ein Schimmer von Tageslicht die Spitzen der Berge umsäumt, ist nichts von den Sternen zu sehen. Nur wenn die Nacht tief und vollständig geworden ist, in die uns Gottes Wille hineinführt, wenn wir freudig an der Hand Gottes in diese Nacht hineingehen und nichts von unserem bisherigen Leben hinüberretten wollen, dann geht uns das Auge auf für den strahlenden Sternenhimmel voller Gottesverheißungen, der in diesem Auferstehungskapitel vor uns aufleuchtet. Unser seelischer Leib muß nach Gottes Willen in die Erde sinken und sterben. Gott aber gibt uns einen Leib, wie er will. »Gott aber«, in diesen zwei Worten ist der Grundakkord angeschlagen, der durch die ganze Bibel klingt. Das Menschengeschlecht versank in den Wogen der Sintflut, »Gott aber« berief Noah und schuf eine neue Menschheit. Die Menschen gedachten, es böse mit Joseph zu machen, »Gott aber« gedachte, es gut mit ihm zu machen. Vor dem Auge Hesekiels lag sein Volk wie ein Feld voller Totengebeine, »Gott aber« ließ einen Wind wehen, da rauschte es in den Gebeinen. Die Menschen haben den Herrn der Herrlichkeit gekreuzigt, »Gott aber« hat ihn auferweckt und ihm einen Namen gegeben, der über alle Namen ist. »Gott aber«, ja wenn wir es mit Menschen zu tun hätten oder mit Naturelementen, dann wäre unsere Lage hoffnungslos, dann könnte man fragen: Wie kann aus dem Nichts noch etwas Neues werden? Aber wir haben es mit Gott zu tun. Wir sind alle in Gottes Werkstatt. Gott hat uns in Arbeit wie der Töpfer seinen Ton, Gott schafft an uns, Gott baut an unserem Wesen.

Ich trat einmal in der Gießerei des Eisenwerks von Wasseralfingen in die Werkstätte des Modelleurs, als er gerade damit beschäftigt war, aus weichem Wachs ein Modell für eine Brunnenfigur zu formen, die gegossen werden sollte. Während ich hereintrat, nahm er das Wachsmodell vom Holzgestell herunter, ballte es wieder zu einem Klumpen zusammen und warf es in eine Ecke. Ich erschrak; denn ich dachte, er habe es im Zorn getan. Er aber wandte sich lachend um, nahm den Klumpen wieder auf und bildete mit Meisterhänden in wenigen Minuten einen neuen Menschenkörper, der noch schöner war als der erste. So erschrecken wir auch, wenn wir zum ersten Mal den Tod in unseren Gliedern spüren, wenn wir das eigentümliche Gefühl haben, das jeder kennt, der schon einmal eine ganz schwere Krankheit durchgemacht hat, das Bewußtsein, als würde uns der Boden unter den Füßen weggezogen und wir müßten hinabstürzen in das Nichts. Wir fragen angstvoll: Wie sollen wir aus diesem Nichts wieder herauskommen, das uns verschlingt?

Paulus antwortet: Du Narr, schau doch einmal hinein in Gottes Werkstatt. Sieh diesen überwältigenden Formenreichtum der Gottesnatur in Tier- und Menschenwelt. »Ein anderes Fleisch ist das der Menschen, ein anderes des Viehes, ein anderes der Fische, ein anderes der Vögel.« Die Tier- und Pflanzenwelt zeigt eine unerschöpfliche Mannigfaltigkeit. Oder schau hinein in die Wunder des Weltraums: »Eine andere Klarheit hat die Sonne, eine andere

Klarheit hat der Mond, eine andere Klarheit haben die Sterne; denn ein Stern übertrifft den andern an Klarheit.« Wir können die Riesenkörper des Weltalls betrachten, um vor dem Formenreichtum Gottes staunend stille zu stehen, wir können aber auch hineinsehen in die Welt des Kleinen und Allerkleinsten. Wenn man am Gestade des Mittelmeers mit einem kleinen Netz die winzigen Schaltierchen herausschöpft, die in einer Welle schwimmen, und sie unter dem Vergrößerungsglas betrachtet, so hat man einen solchen Reichtum an Kunstformen, daß ein Naturforscher ein ganzes Bilderbuch damit füllen konnte, um Künstlern Anregung zu geben. Wir brauchen also nicht zu fürchten, Gott könnte bei seinem Schaffen der Atem ausgehen, seine Gestaltungskraft könnte versagen, er müßte sich wiederholen wie menschliche Künstler. Gottes Schaffen hat unbegrenzte Möglichkeiten. Wenn die alten Formen zerschlagen sind, so steht eine Fülle neuer Gestaltungen da.

Der Apostel fährt fort: Schaue, *wie* Gott schafft, betrachte den unbegreiflichen Vorgang, wenn der dunkle Schoß der Erde das Weizenkorn aufgenommen hat. Es liegt ganz still und regungslos. Aber plötzlich fängt es an, die ersten Keimblätter zu treiben. Oder sieh eine Puppe, in der sich eine Raupe eingeschlossen hat. Sie liegt lange wie tot da. Auf einmal fängt es in ihr an zu klopfen. Sie will die Schale zerbrechen und ein neues Leben beginnen. Kein Forscher kann diesen Vorgang erklären. Wir können wohl mit dem Vergrößerungsglas genau zusehen, wie die Lebenszellen sich teilen und aufbauen. Wir können sehen, wie die Stufen hintereinander kommen. Aber wir verstehen nicht, wie es möglich ist. Denn wir können mit all unseren Hebeln und Schrauben immer nur tote Dinge auseinandernehmen und wieder zusammensetzen. Wir können zwar

Leben töten mit unseren Mordinstrumenten und Giftgasen, aber wir können kein Leben schaffen. Nur Gott schafft, und wir können ihm dabei von weitem zusehen. Er hat einen Schleier auf das Geheimnis seines Schaffens gelegt. Wir sehen nur: Es geht immer durch Tod zum Leben, das Samenkorn wird nicht lebendig, es sterbe denn. Die Eintagsfliegen, die am Sommerabend in der Luft wie eine Schleierwolke tanzen, sinken spät abends tot herab. Aber noch im Sterben haben sie die Eier abgelegt, aus denen ein neues Geschlecht wächst. Immer muß das Alte sterben, daß etwas Neues werde.

Dieses Gottesgesetz, das durch die ganze Schöpfung geht, steht auch über unserem zeitlichen und ewigen Schicksal. Gottes Schaffen führt uns durch ein Sterben. Wir tragen jetzt alle das Bild des ersten Adam, der ersten Menschheit, der ersten Schöpfung, die von *unten* her ist. Sie ist, wie der Apostel sagt, von der Erde und irdisch. Und »welcherlei das Irdische ist, solcherlei sind auch die Irdischen«. Gott aber hat mitten in diese sterbende Welt einen zweiten Adam hineingestellt, den zweiten Menschen, der von oben her ist. Es ist der einzig Reine, der über die Erde gegangen ist, er, den die Menschen nicht ertragen konnten, dessen Blick sie nicht aushalten konnten. Hölderlin hat unter dem Eindruck Jesu gesagt: »Es hindert aber eine Scham mich, dir (Jesus) zu vergleichen die weltlichen Männer.« Wir aber sollen verwandelt werden in sein Bild. Wir sollen in seine Lichtgestalt übergehen. »Wie wir getragen haben das Bild des Irdischen, also sollen wir auch tragen das Bild des Himmlischen.«

Wir befinden uns also in einer Umgestaltung. Das Christenleben gleicht einem Bauplatz, wo unter schweren Hammerschlägen ein alter Bau in Trümmer fallen muß, damit ein Neubau erstehe. Wir leiden alle unter diesen

Hammerschlägen Gottes, die uns oft das Liebste zerbrechen. Sie kommen uns oft so sinnlos vor. Dem einen hat Gott vielleicht ein Kind genommen. Dem andern hat er das Amt genommen, an dem er mit seiner ganzen Seele hing. Einem Dritten hat er infolge Überarbeitung seine Gesundheit zerschlagen, die er doch so notwendig brauchen könnte. Es kommt uns vor, als ob uns Gott oft gerade das Wertvollste zerschlüge, was wir haben, gerade das, was uns am meisten begeisterte, was uns einen höheren Schwung gab, vielleicht unseren schönsten Lebensplan. Die Hammerschläge Gottes sind schwer. Staub und Trümmer liegen auf unserem Bauplatz. Die Aufräumungsarbeit geht unser ganzes Leben lang fort, bis zu der Stunde, da »im Heiligsten der Stürme falle zusammen unseres Kerkers Wand«.

Aber niemand ist traurig über den Zusammensturz eines alten Gebäudes, wenn er den Bauplan gesehen hat, der das Bild des neuen, schöneren Baues zeigt, der an seine Stelle treten soll. Gott zerstört nicht, um zu zerstören. Er zerstört, um zu schaffen. Laßt uns das Bild des Heilandes ansehen, dieses zweiten Menschen vom Himmel, nach dessen Bild wir umgestaltet werden sollen. Dann lernen wir danken, sooft wieder ein Stück unseres alten Wesens in Trümmer fällt. Wir lernen danken, daß wir sterben dürfen, damit Raum wird für das, was Gott baut. Wir lernen mit Freuden unsere schönsten Pläne hingeben, damit der Bauplan Gottes zur Ausführung kommt.

Wir haben von Sterben und Auferstehung gesprochen. Immer, wenn wir von diesen Dingen reden, die jenseits der Sichtbarkeit liegen, haben wir das Gefühl, dem der Prinz in Schillers »Geisterseher« Ausdruck gibt, wenn er von den zwei schwarzen, undurchdringlichen Vorhängen redet, die an beiden Grenzen des menschlichen Lebens herunterhängen und die noch kein Lebender aufgezogen hat. Wir können nicht durch diese dunklen Vorhänge hindurchsehen. Auch die Schrift hebt den Vorhang nicht, der unseren irdischen Augen verbirgt, was uns allen so nahe bevorsteht. Aber eins wissen wir: Wir sterben, aber Gott bleibt. Wenn wir fallen, so fallen wir in Gottes Schoß. Er ist es, »der die Menschenkinder läßt sterben und spricht: Kommt wieder, Menschenkinder«. Er kann uns ganz vernichten und ganz neu schaffen. Darum wollen wir uns alle, sowohl die unter uns, die noch im Aufstieg begriffen sind, als die andern, die schon abnehmen, in dem Bekenntnis vereinigen: »Leben wir, so leben wir dem Herrn, sterben wir, so sterben wir dem Herrn, darum wir leben oder sterben, so sind wir des Herrn.«

Jenseits des reißenden Stromes

Darnach sah ich, und siehe, eine große Schar, welche niemand zählen konnte, aus allen Heiden und Völkern und Sprachen, vor dem Stuhl stehend und vor dem Lamm, angetan mit weißen Kleidern und Palmen in ihren Händen, schrien mit großer Stimme und sprachen: Heil sei dem, der auf dem Stuhl sitzt, unserm Gott, und dem Lamm!
Und alle Engel standen um den Stuhl und um die Ältesten und um die vier Tiere und fielen vor dem Stuhl auf ihr Angesicht und beteten Gott an
und sprachen: Amen, Lob und Ehre und Weisheit und Dank und Preis und Kraft und Stärke sei unserm Gott von Ewigkeit zu Ewigkeit! Amen.
Und es antwortete der Ältesten einer und sprach zu mir: Wer sind diese, mit den weißen Kleidern angetan, und woher sind sie gekommen?
Und ich sprach zu ihm: Herr, du weißt es. Und er sprach zu mir: Diese sind's, die gekommen sind aus großer Trübsal und haben ihre Kleider gewaschen und haben ihre Kleider hell gemacht im Blut des Lammes.
Darum sind sie vor dem Stuhl Gottes und dienen ihm Tag und Nacht in seinem Tempel; und der auf dem Stuhl sitzt, wird über ihnen wohnen.
Sie wird nicht mehr hungern noch dürsten, es wird auch nicht auf sie fallen die Sonne oder irgend eine Hitze;
denn das Lamm mitten im Stuhl wird sie weiden und leiten zu den lebendigen Wasserbrunnen, und Gott wird abwischen alle Tränen von ihren Augen.

Offenbarung 7, 9-17

Dieser Abschnitt der Offenbarung steht mitten zwischen den schweren Gerichts-Weissagungen, den apokalyptischen Reitern, die über die Erde hinrasen, und den sieben Posaunen. Die düsteren Zukunftsbilder, die uns ja immer wieder an die Gegenwart erinnern, werden einen Augenblick unterbrochen. Es ist uns beim Lesen dieser Kapitel, wie wenn wir auf einem zerbrechlichen Kahn über einen dunklen, reißenden Strom fahren, dessen jenseitiges Ufer zunächst ganz in Nebel gehüllt ist. Und nun kommt ein Windstoß, der Nebel zerreißt, und es taucht ein Bild auf, das so herrlich ist, daß wir das ganze Leid dieser Welt darüber für einen Augenblick vergessen können. Wie manchmal habe ich Menschen, die im letzten Stadium des irdischen Leidenskampfes standen, bei denen der Atem immer schwerer ging, dieses Kapitel vorgelesen und ihre Augen dabei aufleuchten sehen. Wir sehen im Geist die unzählbare Schar der Überwinder in weißen Kleidern um den Weltenthron stehen und hören den rauschenden, den ganzen Himmel erfüllenden Lobgesang, der noch gewaltiger ist als das große Halleluja von Händel oder die Fugen von Bach. Und dann heißt es von den großen Überwindern: »Sie wird nicht mehr hungern noch dürsten. Es wird auch nicht auf sie fallen die Sonne oder irgend eine Hitze; denn das Lamm in der Mitte des Weltenthrones wird sie weiden und leiten zu den lebendigen Wasserbrunnen.« Wenn uns dies Bild vor die Seele tritt und wir wenden dann den Blick wieder zurück auf die Lage, in der wir jetzt auf dieser Erde sind, dann kommt unwillkürlich die Frage: Wenn das Ziel so herrlich ist, zu dem Gott uns alle berufen hat, warum müssen wir uns dann zuerst noch durch den dunklen, reißenden Strom hindurchkämpfen? Warum dürfen wir nicht unmittelbar in die Herrlichkeit eingehen? Solange unser Blick nur von dieser Welt gefangen ist, stehen wir hier vor einem unbegreiflichen Rätsel. Aber auf dieses schwere Rätsel fällt ein Licht, wenn wir über diese irdische Welt hinausschauen, dorthin, wo aus den Fluten des reißenden Stromes das leuchtende Gestade der ewigen Welt auftaucht. »Wer sind diese Gestalten in den wallenden weißen Gewändern, die dort um den Thron stehen, und woher sind sie gekommen?« fragt der Älteste. Und der Engel antwortet: »Diese sind es, die gekommen sind aus der großen Trübsal«, das heißt aus der furchtbaren Schrekkenszeit, die nach Daniels Weissagung nach Gottes Plan vor dem Weltende kommen wird und von der Jesus sagt:

»Es wird alsdann eine große Trübsal sein, als nicht gewesen ist von Anfang der Welt an bisher und als auch nicht werden wird.« Aus dieser sind die Überwinder hervorgegangen, die dort in weißen Kleidern stehen. Damit fällt ein Licht auf den Sinn und die Notwendigkeit der großen Trübsal, in deren Anfang wir vielleicht heute stehen. In einer Eisengießerei in Wasseralfingen führte mich einmal ein alter Mann, der schon lange im Werk gearbeitet hatte, durch den glutheißen Raum an dem Hochofen vorbei, wo das flüssige Metall wie aus Brunnenröhren hervorquillt, um die leeren Formen zu füllen. Und dann gingen wir zusammen in die kühle Halle hinter der Gießerei, wo Brunnenfiguren, Statuen und andere Bildwerke standen, die eben fertig geworden waren. »Sehen Sie«, sagte der alte Mann, »das sind die schönsten Werke, die aus unserer Werkstätte hervorgegangen sind. Sie sind aus der großen Gießerei gekommen, durch deren Gluthizte wir eben gegangen sind.« So meint es der Älteste, wenn er auf die strahlenden Gestalten in den wallenden Gewändern hinweist und sagt: »Diese sind gekommen aus der großen Trübsal.« Die große Trübsal, deren Schrecken wir heute schon empfinden, ist die heilige Werkstätte Gottes, in der er aus Sündern die Menschen schafft, mit denen er sein ewiges Reich bauen kann. Warum kann das nur durch tiefes Leid geschehen? Warum ist es wirklich so, wie der Liederdichter Harttmann sagt: »Unter Leiden prägt der Meister in die Herzen, in die Geister sein allgeltend Bildnis ein«? Wir können auf diese Frage nur antworten: 1. Nur in der Gluthitze von Kampf und Leid wird unser innerer Herzenszustand offenbar. 2. Aber nur wenn wir in unserer ganzen Unreinheit vor Gott offenbar geworden sind, können wir völlige Vergebung erlangen durch das Versöhnungswerk Christi. 3. Und nur wenn wir völlige Vergebung bekommen haben, können wir so bis ins Innerste von unserem eigenen Willen gereinigt werden, daß wir in weißen Kleidern vor Gottes Thron stehen.

I

Nur in der Gluthitze von Kampf und Leid wird unser innerer Herzenszustand offenbar. Solange wir einen guten Posten haben und von niemand angefochten werden, meinen wir, wir hätten ein gutes Herz, da wir ja allen unseren Mitmenschen gegenüber freundlich sind. Sobald aber etwas ganz Schweres kommt, etwa eine Zurücksetzung, bei der uns ein anderer – etwa ein Geschäftskonkurrent – weit überflügelt, wegdrängt und in den Schatten stellt, da merken wir erst mit Schrecken, was für ein giftiger Neid, was für ein tödlicher Haß, dessen wir uns gar nicht für fähig gehalten hätten, einem Menschen gegenüber, der unsere ganze Laufbahn verdorben hat, aus unserem Herzen hervorbricht. Solange wir in gesicherten Verhältnissen leben, meinen wir, wir seien als Geistesmenschen völlig unabhängig von allem irdischen Besitz. Sobald wir aber als Bettler dastehen, was uns ja heute immer noch jeden Tag passieren kann, und nun wirklich alle diese lieben, schon von den Eltern ererbten Dinge hergeben müssen, da entdecken wir mit Schrecken, wie unser Herz mit allen Fasern an den vergänglichen Gütern dieser Erde hängt und sich einfach nicht von ihnen losreißen kann. So ist die große Trübsal wie die Dunkelkammer, in der wir vor den Röntgenschirm gestellt werden, auf dem mit unerbittlicher Deutlichkeit die dunklen Stellen sichtbar werden, die auf Krankheitsherde in unserem Körper hindeuten. So macht in der Tat das schwere Leid unsern inneren Zustand offenbar. Wenn wir einmal am leuchtenden Gestade der anderen Welt stehen, dann werden wir Gott auch für die Zeiten danken, durch die wir jetzt geführt werden. Wir werden Gott loben, daß uns in dieser Notzeit die Augen aufgegangen sind für die Abgründe unserer Erdgebundenheit und unserer unausrottbaren Selbstliebe. Wir werden einsehen, daß Gott keinen andern Weg hätte einschlagen können, um uns die Augen über uns selbst zu öffnen.

II

Und nur, wenn unter den Stürmen der Trübsalszeit die ganze Unreinheit unseres Herzens vor Gott offenbar geworden ist und wir über uns selbst erschrecken, können wir den Zugang finden zu dem Wunderbarsten, was der Seher auf den Stufen des himmlischen Thrones schaut, zu dem Gottesgeschenk der vollen Vergebung aller unserer Schuld. »Diese sind es«, so heißt es weiter, »die gekommen sind aus der großen Trübsal und haben ihre Kleider gewaschen und haben ihre Kleider helle gemacht durch das Blut des Lammes.« Wir sehen hier zu unserem Trost: Die Menschen, die im Schlußakt des Weltdramas als die Sieger mit Palmen in den Händen vor dem Weltenthron stehen, sind nicht etwa Heilige, die unbefleckt durch das Leben gegangen wären, so daß sie keiner Reinigung bedurft hätten. Nein, es sind Menschen wie wir! Sie gleichen Erdarbeitern, die einen langen, heißen Tag lang im Lehmboden einen Brunnen ausgegraben haben und nun am Abend mit beschmutzten Kitteln aus dem Graben heraussteigen. Wir brauchen ja nur an Männer zu denken wie den Schächer mit seiner blutbefleckten Vergangenheit oder an Paulus, der in seiner ersten Zeit als Fanatiker mit Drohen und Morden gegen die Jünger des Herrn schnaubte. Es ging diesen Männern genau wie uns. Sie hatten Flecken in ihrer Vergangenheit, von denen sie sich selbst nicht reinigen konnten. Die Hausfrauen unter uns wissen, daß es Flekken in Kleidern gibt, denen man weder mit Seife noch mit Fleckenwasser beikommen kann. Sie kommen immer wieder zum Vorschein. So haben auch diese Männer, die Gott für sein ewiges Reich gebrauchen konnte, befleckte Kleider gehabt. Sie hatten dabei alle Illusionen über sich selbst völlig verloren. Sie wußten, daß sie trotz ihres Martyriums vor Gott ganz unrein dastanden; denn Gott braucht Menschen, deren Leben nicht fleckenlos geblieben ist. Aber nun ist es das Unbegreifliche, für unseren menschlichen Verstand Unfaßbare, was uns immer wieder in Erstaunen setzt, wenn man das Sterben eines gläubigen Menschen miterlebt: Wenn ein Mensch, dessen Vergangenheit einem über und über befleckten Kleide gleicht, mit grenzenlosem Vertrauen zum Gekreuzigten emporschaut, so geschieht eine wunderbare Verwandlung. Die Schmutzflecken, die traurigen Spuren vergeudeter Stunden und versäumter Gelegenheiten, verschwinden spurlos, und es erfüllt sich tatsächlich das Wort: »Sie haben ihre Kleider gewaschen«, und noch einmal: »Sie haben ihre Kleider weiß gemacht durch das Blut des Lammes.« Das ist das Wunder der völligen Vergebung, auf das schon der Prophet Jesaja, der noch vor der neutestamentlichen Zeit stand, ahnend hinweist, wenn er sagt: »Wenn eure Sünde gleich blutrot ist, soll sie doch schneeweiß werden, und wenn sie gleich ist wie Scharlach, soll sie doch wie Wolle werden.« Ich erinnere mich an zwei meiner jungen Freunde, die beide im ersten Weltkriege gefallen sind. Einer von ihnen, der noch kurz vor seinem Tode auf Urlaub nach Hause kam, erzählte mir von dem Abschied, den er mitten in der Schlacht von seinem Freund nehmen mußte, weil dieser schnell abkommandiert wurde auf eine Artilleriestellung, die ganz unter Trommelfeuer lag. In dem kurzen Augenblick des Abschiedes konnte er ihm nur noch die Hand drücken mit den Worten: »Bald ist es überwunden nur durch des Sohnes Blut, das in den schwersten Stunden die größten Wunder tut.« Dann ging der Freund in die Hölle des Artilleriefeuers hinein mit leuchtenden Augen, obwohl er wußte, daß er nicht mehr wiederkehren sollte.

III

Wenn uns so im Feuer der großen Trübsal die völlige Vergebung geschenkt worden ist, dann kommt die letzte Segensfrucht, die Gott uns verheißen hat: Wir erfahren nicht bloß die völlige Vergebung durch des Lammes Blut, sondern unser Herz wird auch im Feuer des Leidens von allen Schlacken gereinigt, die die Sünde hinterlassen hat, wie das flüssige Silber im Schmelztiegel. Die Überwinder dürfen wirklich in weißen Kleidern vor Gott stehen, um ihm Tag und Nacht zu dienen. Sie sind losgelöst vom Machtrausch, vom Geltungstrieb und von der Ruhmsucht. Hier steht am Ende der Weltgeschichte, in der die Erde immer wieder aufs neue durch den Machtkampf und den Vergeltungstrieb der Menschen in ein Meer von Blut und Tränen verwandelt worden ist, eine Schar, die niemand zählen kann, aus allen Sprachen und Ländern; Völker sind dabei vertreten, die vorher in fanatischem Haß einander bekämpft haben. Aber nun sind Völkerhaß und Vergeltungstrieb, aber auch das Bedürfnis nach Rache für das, was sie einander angetan haben, ausgelöscht. Der erste Äon ist abgeschlossen, in dem alles nach dem Recht des Stärkeren ging und jeder Weltkrieg wieder einen neuen, noch grausameren Völkerkrieg in seinem Schoße getragen hat. Ein neuer Äon hat begonnen, in dem Gott alle Tränen abwischen wird von ihren Augen.

Jetzt im alten Äon stehen wir noch vor der ungelösten

Warum-Frage: Warum kann Gott das alles zulassen? Dann aber, wenn das neue Weltzeitalter angebrochen ist, tritt an die Stelle dieser quälenden Warum-Frage das große Danklied der Überwinder. Zusammen mit den Engeln um den Thron fallen sie vor Gott nieder und jubeln: »Lob und Ehre und Dank und Preis sei unserem Gott von Ewigkeit zu Ewigkeit!« Dann wird das möglich, was uns jetzt einfach noch unmöglich ist. Wir können in unserem jetzigen Zustand Gott noch nicht loben, wenn er uns alles genommen hat. Wie manches Mal habe ich Menschen, die alles verloren hatten, was ihrem Leben Sinn und Inhalt gegeben hatte, das Wort gesagt, das Hiob sagte, als ihm alles vernichtet worden war: »Der Herr hat es gegeben! Der Herr hat es genommen! Der Name des Herrn sei gelobt!« Aber sie mußten mir sagen: So weit kann ich zur Not noch mitbeten: »Der Herr hat es gegeben; der Herr hat es genommen.« Aber weiter komme ich nicht. Das letzte kann ich nicht aussprechen: »Der Name des Herrn sei gelobt!« So weit bin ich noch nicht. Aber auch dieses letzte soll uns noch geschenkt werden. Gerade darum werden wir durch diese große Trübsal hindurchgeführt. Gerade darum läßt Gott solche Schicksale über uns kommen, die wir schlechterdings nicht verstehen können, damit wir zuletzt, wenn wir am Ziel stehen, ja sagen können auch zu dieser Führung, die, menschlich betrachtet, unbegreiflich ist. Auch von Jesus selbst heißt es ja: »Obwohl er Gottes Sohn war, hat er doch an dem, das er litt, Gehorsam gelernt.« Nur durch schweres Leiden hindurch können wir den Gehorsam lernen. So ist in der Tat die große Trübsal die heilige Werkstätte Gottes für uns alle. Anders kann Gott aus uns Sündern nicht die Überwinder schaffen, mit denen er sein Reich bauen will.

Endlich bricht der heiße Tiegel
und der Glaub' empfängt sein Siegel
als im Feuer bewährtes Gold,
da der Herr durch tiefe Leiden
uns hier zu den hohen Freuden
jener Welt bereiten wollt.

In der TELOS-Taschenbuchreihe erscheinen folgende Titel

2 Dale Rhoton
Die Logik des Glaubens
3 Schmidt-König
Gib acht auf diesen hellen Schein
4 Anna Lawton
Frauen dienen Christus
5 MacDonald
Wahre Jüngerschaft
6 Ernst Modersohn
Sieghaftes Leben
7 John Meldau
Der Messias in beiden Testamenten
8 Jörg Erb
Nichts kann uns scheiden
9 Otto Riecker
Ruf aus Indonesien
10 Anton Schulte
Es gibt einen Weg zu Gott
12 Watchman Nee
Geistliche Realität oder Wahnvorstellung
13 Watchman Nee
Der normale Mitarbeiter
14 Watchman Nee
Sitze, wandle, stehe
15 Baily, Faith Coxe
Auch sie wurden frei
17 Elisabeth Seiler
Berufen und geführt
18 Elisabeth Seiler
Tut seine Wunder kund
19 Elisabeth Seiler
Wunderbar sind seine Wege
20 Wilhelm Gottwaldt
Wissenschaft contra Bibel?
21 Wolfgang Heiner
Fragen der Jugend
22 MacDonald
Gottes Antwort auf Fragen des Menschen
23 Hans Pförtner
Sieg über den Alltag
24 Wilhelm Steinhilber
Einer von den Siebzig
25 W. Ian Thomas
Christus in Euch
Dynamik des Lebens
26 Karl-H. Bormuth
Alte Gebote und neue Moral
27 George Verwer
Jesus praktisch erleben
28 Klaus Vollmer
Chance und Krise des Lebens
29 Billy Graham
Allein in der Masse
30 George Verwer
Konfrontiere Menschen mit Christus
31 Hellmuth Frey
Zusammenschluß der Kirchen
32 Wolfgang Heiner
Botschafter Gottes, Bd. 1
33 Wolfgang Heiner
Botschafter Gottes, Bd. 2
34 Wolfgang Heiner
Botschafter Gottes, Band 3
35 Heinrich Jochums
Heilsgewißheit
36 Gertrud Volkmar
Vom Glücklichwerden und Glücklichmachen
37 Liesbeth Schrader
Ein Volk, das im Finstern saß
38 Wilhelm Steinhilber
Eine, die nie den Mut verlor
39 Heinrich Kemner
Wir wählen die Hoffnung
40 Wilhelm Gottwaldt
Fehler in der Bibel?
41 Alfred Lechler
Ein Arzt gibt Lebenshilfe
42 Lieselotte Breuer
Jesus – im Detail erlebt
43 Jörg Erb
Dichter und Sänger des Kirchenliedes, Bd. 1
44 Jörg Erb
Dichter und Sänger des Kirchenliedes, Bd. 2
45 James Adair
Fixer finden Jesus
46 J. Oswald Sanders
Geborgenheit u. Wagnis
47 Otto Riecker
Mission oder Tod
48 Heinz-Jochen Schmidt
Hilfe in Glaubensnöten
49 W. Ian Thomas
Tote können nicht sterben
50 Michael Green
Es komme mir keiner mit Tatsachen
52 Karl Weber
Klarer Kurs in wirrer Zeit
53 Heinrich Kemner
Erlebtes und Erfahrenes
54 Jörg Erb
Missionsgestalten
55 Richard Kriese
Besiegte Schwermut
56 Peter Beyerhaus
Bangkok '73
57 Bill Bright
Die letzte Revolution
58 Edith Willies-Nanz
Pelicula
59 Siegfried Wild
Damit die Richtung stimmt
60 Luise Hubmer
Der Freude Grund (I)
61 Luise Hubmer
Des Lebens Kraft (II)
63 Arno Pagel
Sehet in das Feld
64 Rolf Scheffbuch
Ökumene contra Mission
65 Arthur Mader
Hören, Schweigen, Helfen
66 Friedrich Hauss
Biblische Taschenkonkordanz
67 Heinrich Kemner
Glaube in Anfechtung
68 Karl Weber
F. W. Baedeker/ Georg Müller
69 Frieda Wehle
Darum gehe hin
70 Herta-Maria Dannenberg
Komm zu mir nach Afrika
71 Heinrich Kemner
Prophetische Verkündigung
72 Alfred Stückelberger
Autorität – Ja oder Nein
73 Marie Hüsing
Anruf und Trost
74 Jörg Erb
Paul Gerhardt
75 Friedrich Kosakewitz
Mit Gottes Wort unterwegs
79 H. Tanaka
. . . mitten unter die Wölfe
91 Kurt Scherer
Zu seiner Zeit